這是一本共產黨的死刑判決書！

這是一本暴力社會主義的死刑判決書！

這本書，為專制獨裁在人類歷史上的徹底滅亡，預先畫上了句號！

當你讀了這本書，你就知道了中國的命運，把握了人類的全部進程及宇宙造人的奧秘！

一言

共產黨批判與中國之命運

（長篇政論）

一言著

出版說明

一九九一年的《黃禍》，當時的作者王力雄先生為了安全，匿名「保密」出版，經過多年真正的身分才為人知。

二〇一七年的本書作者為了安全起見，同樣以匿名「一言」出版他的書；不同的是，「保密」寫的是小說，「一言」寫的是政論。

作者「一言」原籍中國，知識分子，曾經經歷過毛澤東的文革，上山下海，現居何處，個人家庭狀況均不方便公開。

作者著述甚豐，惜不能公開他的作品。《共產黨批判與中國之命運》是他的第一部長篇政論，光看書名，便知這是一本無法在中國出版的書。

本書初稿完成於二〇一〇年，迄二〇一七年修訂後在臺出版。至於寫作時如何瞞著家人，稿件如何提心吊膽攜到台灣，如何尋求出版社，自有許多不能為外人道的顧慮。作者說：「感謝自由民主的臺灣，使我的這本在一黨專制的大陸只能深藏的禁書得以出版面世……」

本書對共產黨的本質，對馬恩列斯毛的歷史與哲學批判，對中國共產黨與中國傳統文化的密切關係，有很深入的探討。

對共產主義與資本主義的比較，對中國暴力社會主義的生成原因、特性，以及對中國未來的預測與期許，作者「自家病自身知」，書中精準地引用各家學說、經典予以深刻剖析申論，不僅對中國人本身，對中國大陸以外包括台灣人乃至於世界各國人士，在「大國崛起」的「中國夢」此際，有極具參考的價值。

對深受中華文化影響的台灣人而言，書中關於傳統儒家的解構與批判，更值得讓從黨國威權一路走過來的台灣人反思，即便政黨已輪替超過三次、堪稱華人圈唯一民主國家的台灣，為何仍有許多人對於自由民主的公民認知如政大國發所所長李酉潭教授所言，「應該回頭補課」？

亞太政治哲學文化出版公司

序

馬列主義的謊言蒙蔽了中國多少年。共產主義的神話誘惑了中國多少年。「無產階級專政」的專制強暴了中國多少年。孔孟之道的「宗教」毒害了中國多少年。

——這種蒙蔽、誘惑、強暴和毒害至今還年復一年地繼續著。

本書第一次從對馬恩列斯毛哲學的批判入手，對「一人一黨」的「無產階級專政」及列寧的「國家是階級壓迫的機關」論的實質作出了深刻的剖析，科學地揭示了以「無產階級專政」和「公有制」為根本條件的暴力社會主義的歷史演變，以及將「無產階級專政」與「公有制」結合到一起的體制所產生的必然社會後果。因此，它是一份宣判書，也是一本教科書。

「一切存在都是合理的」。人類又常常行進在謬誤的長河中。為什麼人類歷史的發展、兩種命運的爭鬥，會如此曲折和歷盡磨難？為什麼中國的「特色」在世界史中會表現得如此奇特和荒謬？文章進一步用犀利的筆觸分析了中國的地理環境和民性民智的特殊性，徹底地撕下了披在儒學身上的偽善外衣，痛快淋漓地揭露了披著羊皮的共產主義運動領袖們的騙術、獸心、獸性和駭人暴行。

黑夜就將終結，儘管黎明前的夜是那樣地漆黑；「三人主義」、「新三民準則」的陽光就快照耀大地，大自由大民主已將降臨歷盡磨劫的泱泱中華。

這是有良知的中國知識分子發出的第一聲清醒的吶喊。這是決定「中國之命運」抉擇第一次希望的衝殺。歷史會對這本書作出它最終的評價。人民是不會忘記本書作者的名字的。

二〇一〇年三月三十一日

二〇一七年三月 修

導言

一面血色的旗幟從地球上升起。

〈國際歌〉的歌聲響起，共產主義運動如狂浪飛湧。

「一個幽靈，共產主義的幽靈，在歐洲徘徊……」猛然，這個幽靈，化作一隻血魔，攫住了世界東部。紅色鐐銬，堅固地桎梏住了地球貧窮的一角。

人類步入二十世紀，甚囂塵上、不可一世的暴力社會主義，兇焰萬丈，囂張至極。「共產主義一定會在全世界，取得勝利！」地球在它的狡詐欺騙和瘋狂屠戮中震顫和動搖。然而隨著蘇東解體，這個握有無產階級專政犀利兇器的紅色暴力陣營轟然崩解，齊奧賽斯庫被手下的士兵送上絞刑架，東歐九個暴力社會主義國家全部融入民主資本主義社會，僅剩亞洲三個暴力社會主義國家——中國、朝鮮和越南，在四面楚歌中作著苟延殘喘。

社會主義是怎樣的一種政權？

無產階級專政又是什麼？

社會主義以剝奪被剝奪者、實行公有制、「實現全人類的解放為總目標」！

管理公有制，由共產黨領導。

共產黨由領袖統率。

於是，共產黨領袖就渾身閃耀真理，「類乎上帝」！

披著羊皮的豺狼跳進羊圈，躲過了羊的警惕，成了羊當然的「首領」，並以保護羊為藉口隨心所欲地撕吃羊，藉著利爪和銳牙永霸羊圈，它是「神」的化身。

列寧說：必須「絕對服從蘇維埃領導人——獨裁者——的意志」。「賦予個別人員以『無限的』（即獨裁的）權力」——「蘇維埃的組織就是這類的組織」。

毛澤東說：「實行獨裁」，我們「決不施仁政」！

暴力社會主義就是：一人一黨舉著共產主義和「為人民服務」的盾牌，手執無產階級專政兇器，肆無忌憚地幹著壞事；誰反對它，它就以反黨反人民反革命顛覆政府罪用無產階級專政兇器師出有名地綁人掠人屠人，從而更堂而皇之地強固它的紅色專制。它是一個設置了騙局的超奴隸制封建制法西斯暴政，是披上偽裝的專制勢力向民主潮流的最後瘋狂一搏！

馬克思、恩格斯是暴力社會主義的始作俑者。為了在自由民主浩蕩全球的潮流下用獨裁的方式「掌握世界」，他們創設了一套「科學社會主義理論」作欺騙。他們的奪權策略和手法是：製造階級，分裂人群，策動民眾對立，把資本主義制度下合理存在互相協作的人群分裂為無產者和資產者，號召無產者剝奪資產者，推翻資產階級政權，實行公有制，建立社會主義，「奔向共產主義天堂」！要達到此目的，必須由共產黨作領導，實行無產階級專政。這樣，他們就成了當然的共產黨領袖，建立了暴力社會主義政權，他們就是世界性的紅色皇帝。

馬克思、恩格斯的「社會主義必定在發達的資本主義國家——不，全世界，同時勝利」的「偉大預言」沒有實現，相反資本主義制度在世界深入人心，迅猛發展，形成了磅礴的潮流。卻被沒有「資本」的東方農業國的沙俄和中國的列寧、毛澤東借去，做為造反奪權的旗號，建立了一人一黨專制的暴力社會主義，貧窮的東方出現了一個暴力社會主義陣營：蘇、中、蒙、朝、越、捷、匈、波、德、羅、保、阿（後來又添了一個最為短命的柬埔寨暴力社會主義政權）。那裡成了一座座巨大的紅色奴隸集中營和殺人刑場！

馬恩列斯毛①都愛揮舞哲學武器為自己奪權施暴張目。他們獨創了「辯證唯物主義」，拼命宣揚，「堅決捍衛」。是勞動創造了人（恩格斯語）？還是自然創造了人？難道自然僅僅是自然，沒有它的規律和意志？只看見手而無視指揮手的腦和靈魂，恰恰說明馬恩列斯毛的唯物主義不是辯證法，而是實足的形而上學。馬恩列斯毛之所以要揮舞唯物主義大棒，將之冠名為唯一能闡明宇宙和社會規律的「辯證哲學」，無非就是為他們搞反理性反規律的暴力社會主義鳴鑼擊鼓，任意讓他們獨裁世界，惡霸人類。

① 「馬恩列斯毛」即馬克思、恩格斯、列寧、斯大林、毛澤東，斯大林一般譯為史達林。「馬恩列斯毛」語出鄧小平。本書中斯大林以史達林稱之。

國家是階級壓迫的機關——列寧論斷。

國家是社會的穩定器，不是階級壓迫的工具。列寧提國家是階級壓迫的工具，是對合理的民主社會制度的誣控，目的是煽起農民工人對地主資本家及現存制度的仇恨，他好乘勢而上，奪取政權，並用國家是階級壓迫的機關論，壓迫民眾，強固他一人一黨的專制暴政。

以公有制為名產生出一個「管理」公有制的一人一黨專制的暴力社會主義，非但驅使一人一黨的專制獨裁團夥對民眾進行毫無人性的殘酷虐殺，還驅使這個強盜騙子團夥對民眾進行敲骨吸髓和竭澤而漁的瘋狂掠奪，它嚴重破壞和阻遏了正常發展的社會經濟。

鄧小平被迫把暴力社會主義的黑車，開上了不可阻擋的資本主義之路。只要屠人虐人的無產階級專政兇器緊握在手，宣導公有制式社會主義的馬恩列斯毛閃耀真理，大搞私有制「中國特色社會主義」的鄧小平也閃耀真理，任何胡作非為的共產黨領袖都閃耀真理！

實踐不是檢驗真理的標準，事實才是檢驗真理的標準。

被毛澤東稱為絕對真理的「革命實踐」大躍進和文革就被事實證實為是大罪惡。實踐是檢驗真理的標準說，是毛澤東、鄧小平為紅色暴政張目和行兇施暴的辯護詞。

以江澤民、胡錦濤為寇首的中國共產黨，無視蘇東劇變的前車之鑑，為揚威稱霸洩欲，藉著緊握在手的毛澤東、鄧小平遺傳給他們的無產階級專政兇器，和鄧小平「六四」屠城的兇焰，監押著早已覺醒了的時刻準備揭竿而起為自己獲取自由的中國民眾，繼續頑固地走著自以為還能再維持下去的中國暴力社會主義。

中國已成了事實上的權貴資本主義、裙帶資本主義、專權資本主義、竊賊資本主義、強盜資本主義、騙子資本主義、法西斯資本主義。倚仗著緊執在手的無產階級專政兇器，中共用「中國特色」論和「社會主義初級階段」論，為自己的罪惡統治製造「法律」依據和「正當」辯護。

「馬恩列斯毛」堅稱共產黨是無產階級先鋒隊，共產黨必須打倒資本家，剝奪剝奪者。鄧小平、江澤民、胡錦濤號召人們成為私企業主（資本家）和種田大戶（地主），動員私企業主——資本家加入共產黨，把共產黨的支部建進資本家的私企。牛頭馬面的資產階級政黨，卻掛著無產階級先鋒隊——共產黨的招牌。打倒了馬恩列斯毛，卻高舉馬列主義、毛澤東思想「偉大」旗幟。只要無產階級專政兇器在手，又掛著共產主義和「代表人民」的招牌，怎麼胡搞胡說都是真理。

這就是共產主義運動。

全封閉的地理環境是產生中國暴力社會主義的土壤。吃人的儒學是奴性的中華民族腐朽的靈魂。中國只有與儒學基因徹底分離，構建自主、自立、自強的中華民族新精神，才能真正獲得自由民主。這樣的時刻已經到了！

人類普遍經歷原始社會、奴隸社會、封建社會、資本主義社會，卻不普遍經歷暴力社會主義社會。暴力社會主義僅在世界最蒙昧的一角發生，它是專制極權在滅亡的終端發出的回光返照。

暴力社會主義的性質決定了它在人類歷史上只能是曇花一現，稍縱即逝。大自由大民主已是世界潮流，順其者昌，逆其者亡。蘇東劇變崩解了暴力社會主義陣營。「六四」學潮吹響了毀滅中共的衝鋒號。準備決戰的中國民眾與軍隊已將奮起，砸毀專制中共，建立自由民主新中華。

共產黨用民眾鮮血染紅的赤旗將被民眾燃起的燎原戰火燒成飛灰。

共產主義幽靈化成的血魔，將重新變作幽靈，葬進地獄。

「以解放全人類為總目標」的紅色暴政的徹底覆滅，宣示了人類真正獲得了自由解放。

「三人主義」與「新三民準則」的陽光已將照臨大地！

自由的中國龍將引領世界加速騰飛！

目錄

第四章　暴力社會主義制度剖析

第五章　中國暴力社會主義的生成

第一章

馬恩列思毛哲學批判

第一章　馬恩列思毛哲學批判

大道至簡。好的制度從不提這個主義、那種思想、這些理論、那批學說，它本身閃耀真理。它不需要當哲學家，它的性質、佈局、運轉本身就透示真諦。世界上最壞的政權必須用理論作裝備，用思想訓斥人，因為它沒有真理，就必須披上偽裝，揮舞兇器，一刻不停地向民眾發表深奧難懂的說教，以防民眾脫離它的獨裁，甚至聚眾將它撲滅。上帝無形無言，它隱身於天地萬事萬物之中，向世界放射光明。騙子行騙需要喋喋不休地撒謊，善良人嘿然無言。暴力社會主義就是這種揮舞兇器喋喋不休的行騙政權。馬、恩、列、斯、毛就是這類喋喋不休的行騙者。

第一節　哲學家的馬恩列斯毛

世上絕少攜有哲學武器的政治家，一邊幹政治，一邊用哲學為自己作辯解。馬、恩、列、斯、毛就是這類攜有哲學武器的政治家！

馬恩列斯毛都以大量的篇章和著述證實自己是哲學家——辯證唯物主義哲學家——是空前絕後的唯有他們才能真正揭示宇宙和社會規律的哲學家。

馬克思說：「彼岸世界的真理消逝以後，歷史的任務就是確立此岸世界的真理。人的自我異化的神聖形象被揭穿以後，揭露非神聖形象中的自我異化，就成了『為歷史服務』哲學的迫切任務。於是對天國的批判就變成對塵世的批判，對宗教的批判就變成對法的批判，對神學的批判就變成對政治的批判。」「德國人的解放就是人的解放。這個解放的頭腦是哲學，它的心臟是無產階級。」（《馬克思恩格斯選集》）卷一，二、一四頁。人民出版社一九六六年六月一版）

馬克思在這裡毫不謙讓地宣告：他是人世的頭腦，是揭示此岸世界真理的哲學家。

「不管自然科學家採取什麼態度，他們還是得受哲學的支配。問題只在於：他們是願意受某種壞的時髦哲學支配，還是願意受一種建立在通曉思維的歷史和成就基礎上的理論思維支配。」「只有當自然科學和歷史科學接受了辯證法的時候，一切哲學垃圾……才會成為多餘的東西，在實證科學中消失掉。」（《馬恩選集》卷三，五七五頁）恩格斯說。

恩格斯認為自己同馬克思一樣，是揭示真理的哲學家。

列寧用大部頭哲學著作《唯物主義和經驗批判主義》和其他哲學論文《談談辯證法問題》、《辯證法要素》、《哲學筆記》等，證明了他是與馬克思、恩格斯哲學觀點完全一致的辯證唯物主義哲學家。列寧其實沒有什麼超越馬克思、恩格斯的哲學觀點，他只是否定並痛罵古今世界上幾乎所有的一切哲學家，從而說明世界上只有他列寧——還有祖宗馬克思、恩格斯——才是當之無愧的揭示真理的真正哲學家。

比之馬、恩、列，史達林就更沒有什麼新的哲學觀點了。他的《論辯證唯物主義和歷史唯物主義》，僅僅是萃取了馬、恩、列的幾條哲學論點，加以拼裝、組合而成。但在當時，史達林仍以繼馬、恩、列之後最偉大的哲學家自居。

毛澤東以他的兩篇「宏文」《實踐論》和《矛盾論》，使他成為了「偉大的馬列主義哲學家」。

毛澤東倒是對馬、恩、列、斯有所「超越」。他的《實踐論》是對「唯物論」的發揮，他的《矛盾論》是對「辯證法」的發揮。

哲學，多麼深奧、神聖！操縱宇宙的上帝無形無聲，只有人間最偉大的哲學家才能向人類傳遞上帝的聲音。馬、恩、列、斯、毛都是「偉大的哲學家」，五聖抱財成族，於是他們都「類乎上帝」，渾身光耀熠熠，閃射真理，由他們帶領人類幹革命，奪取政權，「解放全人類」，是上帝的指示，不可抗拒！

第二節　馬恩列斯毛的哲學核心及其提出這一核心的目的

馬恩列斯毛的哲學核心，最先是由恩格斯定下調的：

「辯證法的規律是從自然界和人類社會的歷史中抽象出來的。辯證法的規律正是歷史發展的這兩個方面和思維本身最一般的規律。實質上它們歸結為下面三個規律：

從量轉化為質和從質轉化為量的規律；

對立面的相互滲透的規律；

否定的否定的規律。」（《馬恩選集》卷三，五三〇頁）

在這方面，列寧當然與聖祖馬克思、恩格斯同論：

「發展似乎是重複以往的階段，但那是另一種重複，是在更高基礎上的重複（否定的否定），發展是按所謂螺旋式而不是按直線式進行的；發展是飛躍式的、劇變的、革命的；『漸進過程的中斷』；量到質的轉化……」（《列寧選集》卷二，五八四頁。人民出版社一九六〇年四月一版）

對「辯證法的基本特徵」，史達林則完全是對馬、恩、列作鸚鵡學舌，抄其大半：

「在這個過程中質變不是逐漸地發生，而是迅速和突然地發生，即表現於由一種狀態突變為另一種狀態……辯證法認為低級發展到高級的過程不是表現於各現象協和的開展，而是表現於各物件或各現象本身固有矛盾的揭露，表現於在這些矛盾基礎上動作互相對立趨勢的『鬥爭』。」（史達林：《論辯證唯物主義和歷史唯物主義》）

毛澤東撰寫了《矛盾論》，「創造性地發展」了馬、恩、列、斯的「唯物辯證法」。「事物的矛盾法則，即對立統一的法則，是唯物辯證法的最根本的法則。」毛澤東在《矛盾論》的頭一句就點明。他特別注重事物的矛盾，對矛盾的闡述，尤為「精深」：非但闡述了矛盾的普遍性、矛盾的特殊性、對抗在矛盾中的地位，更研究出複雜的事物「有許多的矛盾存在，其中必有一種是主要的矛盾，由於它的存在和發展，規定或影響著其他矛盾的存在和發展」。

這就使毛澤東的哲學研究「超越」了馬、恩、列、斯簡單的對立統一、矛盾鬥爭的「辯證法則」，而使他的「矛盾論」成為了當代世界的「普遍真理」。

馬、恩、列、斯、毛論對立統一、量質互變、否定之否定、突變、劇變、飛躍、「漸進過程的中斷」，可絕不是紙上談兵，哲學家論哲學，他們可是要用哲學當武器，動真格的，搞暴力革命，推翻「舊世界」，自己掌握政權，並用哲學的「原理」，否定之否定，不斷地搞「鬥爭」、「壓迫」，鞏固自己掌握的政權。

馬克思說：

「一定要開火……在同這種制度進行鬥爭當中，批判並不是理性的激情，而是激情的理性。它不是解剖刀，而是武器。它的對象就是它的敵人，它不是要駁倒這個敵人，而是要消滅這個敵人，因為這種制度的精神已經被駁倒。」（馬克思：《黑格爾法哲學批判》導言）

列寧說：

「既然一切都是發展著的，既然一些制度不斷被另一些制度所代替，那麼為什麼普魯士國王或俄國沙皇的專制制度，極少數人靠絕大多數人發財致富的現象，資產階級對人民的統治，卻永遠會延續下去呢？……消滅私有制……朝著社會主義者所抱定的那個目標前進……」（《列寧選集》卷一，八八—八九頁）

史達林說：

「既然世界是處在不斷運動和不斷發展中，既然舊東西衰亡和新東西生長是發展的規律，那麼當然也就沒有什麼『永世不移』的社會秩序，什麼私有制和剝削制的『永恆原則』，什麼農民服從地主、工人服從資本家的『永恆觀念』。由此可見，資本主義可以用社會主義制度替代，正如資本主義制度在當時替代了封建制度一樣。」（史達林《論辯證唯物主義和歷史唯物主義》）

毛澤東說：

「隨著生產力的發展，資產階級由新的起進步作用的階級，轉化為舊的起反動作用的階級，以至於最後被無產階級所推翻，而轉化為所有的生產資料被剝奪和失去權力的階級，這個階級也就要逐步歸於消滅了。」「共產黨人的任務就在於揭露反動派和形而上學的錯誤思想，宣傳事物的本來辯證法，促成事物的轉化，達到革命的目的。」（毛澤東《矛盾論》）

馬恩列斯毛是要用他們創造的「辯證唯物論」，炸毀「舊制度」，建立屬於他們的「新政權」。

列寧和毛澤東居然達到了目的，在沙俄和中國建立了屬於他們個人的暴力社會主義政權，史達林和毛澤東運用他們的哲學武器，用不斷革命和運動鬥爭的「規律」，壓迫和屠殺人民，強固了他們的獨裁政權。並且世界的東方還出現過一個暴力社會主義陣營：蘇、中、蒙、朝、越、捷、匈、波、德、羅、保、阿。

第三節　是辯證論者還是形而上學者

用孤立、靜止、片面、表面的觀點去看待世界的是形而上學。與形而上學相反，辯證法則是用普遍聯繫和運動發展的規律看待世界的哲學觀點。

馬、恩、列、斯、毛是如他們自己所說的那種辯證論者嗎？

不是。

經濟基礎和上層建築構成社會生活的兩大領域。兩者互相關聯，密不可分。經濟基礎一定程度決定上層建築，上層建築引領經濟基礎。馬克思、恩格斯正是「丟開」資本主義的民主政治制度，而刻意用仇視的目光孤立地、靜止地去挑剔資本主義的「經濟基礎」。

他們找到了資本主義經濟的兩個「焦點」：剩餘價值、生產過剩，大加撻伐。

剩餘價值。馬克思說利潤、利息和地租是剩餘價值的轉化形態；剩餘價值是雇傭勞動者的剩餘勞動創造而為資本家無償占有的價值，資本主義生產方式的秘密是剩餘價值的生產，資本主義因此而具有不可調和的階級矛盾，而必然引發革命，走向滅亡。

生產過剩——資本主義社會商品供給超過社會需求，造成經濟危機，大量商品積壓，物價下跌，企業倒閉，工人大批失業，而引發革命。

與馬、恩所說恰恰相反：剩餘價值是一件好東西，它是「價值規律」和「無形的手」，有力地牽引著資本主義經濟的競爭和發展。正是由於剩餘價值的吸引，資本家才會增進科研、改造設備，擴大再生產，促進了生產力的發展。

生產過剩是資本主義生產力高速發展的結果，它僅僅是暫時現象，難道社會主義的生產力落後、商品短缺、民眾生活貧困反倒成了好事？正是資本主義的民主的政治制度把不斷產生的剩餘價值，用以不斷提高工人的工資和國民的福利，用剩餘價值以稅收等形式進行再分配，不斷充實國庫，增加公共建設項目，並用剩餘價值做為銀行貸款，擴大社會再生產。民主的資本主義政治制度啟動了全社會的創造力，加速了經濟騰飛，並用政府干預這隻「看得見的手」一次又一次地平衡因經濟過快發展而自然產生的「經濟危機」，使經濟更穩定快速增長。

馬、恩「丟開」引領資本主義經濟發展的上層建築——民主政治，蓄意孤立「靜止地」看待資本主義的經濟基礎，惡毒咒罵資本主義合理的剩餘價值和生產過剩，目的無非是煽動民眾造反、奪取政權。馬、恩是口頭上的辯證論者，事實上的形而上學者。

懷有同樣的政治目的，列寧、史達林、毛澤東同樣「丟開」資本主義合理的、完美的、順潮流的政治制度，惡意地去「突變」漸進中的經濟基礎，搞反潮流的「社會革命」將世界一角推進災難的深淵，他們同聖祖馬、恩一樣，都是口頭上的辯證論者，事實上的形而上學者。

「勞動創造了人」——恩格斯說。

人由猿進化而來。猿最早的祖先是幾十億前海洋裡的貨幣蟲和曙蟲。海由地球和天空的暴雨生成。地球的運轉受太陽的牽引，太陽的光照催生了地球的生命。太陽系由宇宙生成……難道是勞動創造了大海、地球、太陽和宇宙？

宇宙中的一切包括地球的演進，都是宇宙的作用，包含著宇宙的目的性與規律性。透過人類的演化、太陽系的構造、博大精深的宇宙的運行，及天地萬事萬物的交互作用及其最終對人類進化的推動與促進，我們已可窺見宇宙精密的設計、規劃、步驟與構思，宇宙精神隱而不露。

宇宙生成並進化人類這一客觀現象本身就有力批駁了「勞動創造」的簡單武斷性與形而上學性；要全面研究世界，不能不深入進宇宙的精神和理念。

丟開對宇宙整體內含的研究，單單片面地研究人與物，就像光研究人的手就說這隻手就是人，而不去研究指揮這隻手的人腦及其靈魂一樣，即使一千遍地說自己是辯證論者，也只能是徹頭徹尾的形而上學，而必然誘使民眾發動暴力，奪取政權，導致殘虐人類的反理性、反宇宙規律、反潮流的暴力社會主義的生成。

第四節　是唯心論者還是唯物論者

唯心論與唯物論之爭將伴隨人類生存始終。正是由於哲學、文化、思想各領域永無休止的種種紛爭，才形成活性的人類社會生活，富足人類的智慧，激發人類的競爭與創造。在此，我們並不是探討哲學上唯心與唯物兩種宇宙觀，而是探究馬、恩、列、斯、毛究竟是否如他們標榜的是唯物主義者，從而再進一步找出他們時時炫耀哲學武器的目的。

一葉知秋。我們從毛澤東身上便可看出馬、恩、列、斯、毛團夥的內在哲學本質及政治用意。

自稱是「無所畏懼的」「徹底的」「唯物主義者」毛澤東，其實是十分懼神信神的「唯佛」——唯神——唯靈——唯心主義者。

毛澤東少年即信佛，視佛為世間的神聖而頂禮膜拜，是一名佛的虔誠小信眾。他到處求神拜佛，祈求神佛保佑，每逢年節，向觀音菩薩上香行三跪九叩首更是他不可或缺的「功課」。

毛澤東非但在信仰上崇佛信教，並時時借助神佛指導他的農民造反實踐。每遇打仗，開戰前，他總與朱德、周恩來及眾將領進寺廟，極虔誠地燒香磕頭求籤。若獲吉籤，便開戰；獲凶籤，即不戰。

自稱是馬列主義者的毛澤東，很少讀馬列著作，甚至沒有讀過馬克思的《資本論》，但他卻每天必讀佛學佛經。在他書房的書架顯要位置，擺著多種版本的《金剛經》、《六祖壇經》、《華嚴經》、《法華經》、《般若波羅密多心經》、《大涅盤經》等幾乎所有的佛學佛經，他隨時抽讀，以示對佛的崇信。外出考察，他馬列著作可以不帶，上述佛經必帶必讀。他把佛學佛經背得爛熟於心，有的篇章甚至能倒背如流；他對神佛的信仰，已到了走火入魔的地步。披著唯物主義外衣的他，每遇黨內大事，常悄悄進入名寺大廟，求籤問卜，以決疑策。

對搞文化大革命，他稍存疑慮，於是偷偷進杭州靈隱寺，向神佛燒香磕頭求籤，獲一上上大吉籤：「威名不可擋！」回京即掀起文革，將中國推進十年動亂中。

既然是徹徹底底的唯佛、唯神、唯靈、唯心主義者，又為什麼要把自己打扮成「徹底的唯物主義者」？

道理很簡單。

搞唯心，必然須遵重宇宙意志，服從自然與社會規律，張揚天理、人道、人性，尊重民主、自由與人權，用民主政治為社會導航，普渡眾生，行善積德，為人類謀福祉。而要搞反潮流反人類反民主的暴力社會主義，滿足一人獨裁強霸天下的政治欲，橫行天下，作威作福，就必須「粉碎」唯心，高揚「唯物」，製造人群對立，煽起人性惡，鼓動人——民眾，去推倒「物」——現政權，建立名義上是公有制的一人一黨極權的社會主義暴政，再高揚「唯物」的大旗，不擇手段地欺騙鼓動一部分人，「壓迫」一部分人，大搞殺、掠、伐、偷、盜、搶，強固其惡權霸道——

為了實現這個政治目的，徹底的唯心主義者毛澤東，必須把自己打扮成「徹底的唯物主義者」。

然而，一個忠誠的唯心主義者，必如毛澤東自己所言的「存慈悲之心，與宇宙一體，以普渡眾生」，存天理，滅邪欲。為何骨子裡的唯心主義者毛澤東，竟如此狂暴絕惡，以騙人害人虐人屠人為業為樂，無恥而忘形？

毛澤東信崇唯心，與善良人的信崇唯心不同。

善良人信崇唯心純粹出於真意，以修道行善利人為本。毛澤東信崇唯心，則純粹以為他係「天子下凡」，他的所行所言皆「受命於天」，是天命他下凡壓迫人類，強固王權，一統天下的，他的所作所為全透示天意，他崇神信佛，是真誠祈求上天佑護他龍體安康，萬壽無疆，任由他「替天行道」，酷虐眾生，以實現上天賦予他的「強權整治天下」的目的。

上天又賦予了他騙子、惡棍、文痞、政痞、無賴、屠夫、虐待狂、迫害狂、多疑症的複雜人格，因而他以騙人害人虐人屠人為榮為樂為業，而自以為自己幹的是人間正道，忘形得意，這就成就了骨子裡的唯心主義、表面上的唯物主義、行騙焚劫強霸中國的毛澤東罪惡的一生，為人世今後不再出現這樣的暴君埋下伏筆，作出警示。天意十分神秘。

馬克思、恩格斯年輕時都是黑格爾唯心主義者，後來因為「革命需要」，而由唯心主義「轉向」唯物主義。

一圓一半徑，三角形則沒有半徑。唯心主義與唯物主義勢不兩立，內容相反，內核截然不同，為什麼馬克思、恩格斯的「絕對真理」——「辯證唯物主義」——沒有自己的「內核」，而要竊取「錯誤哲學」——黑格爾唯心主義的「合理」內核，做為自己的「辯證唯物主義」的內核？這也說明馬、恩獨創的「辯證唯物主義」，是表面上的唯物主義，實質的唯我——唯「心」主義。是胡搞哲學。

做為「革命家」的馬、恩、列、斯，不可能頭腦簡單到只看見「手」，看不見「腦」和靈魂，只看見眼前的「物」，看不見宇宙的內含與規律。他們對自己搞唯心，對別人搞唯物，把唯心與唯物使用得十分巧妙。他們張揚「辯證唯物主義」，說到底就是為了政權、政治、專政、統治的需要！

第五節　馬恩列斯毛哲學的荒謬性與反動性

馬恩列斯毛的辯證法，遭到了哲學界長期的猛烈批判。

一滴水是水，一海洋的水還是水，何來從量轉化為質？一支筆，筆是質，一支為量，量與質互相依存而不互相轉化，何來「量質互變」？馬、恩、列、斯、毛用含糊的文字，無法闡明哲學內容；他們這樣做，懷有政治目的。

大江一分為二作江岸與江水，江岸就是江岸，江水就是江水，對立面怎麼「互相滲透」？江岸與江水，是互相依存、同生共死的關係，兩者怎麼通過不斷鬥爭，最終取代對立面：江水變成江岸，江岸變成江水？

勞動者一分為二作體力勞動者與腦力勞動者，兩者同存共榮，難道體力勞動者與腦力勞動者是不斷鬥爭，各自向對立面轉化的？動物中的雌性與雄性，難道也會向對立面轉化？雌性變成雄性，雄性變成雌性？

否定的否定，恩格斯說：譬如麥粒，落進土壤，長出植株，植株否定了麥粒，麥粒成熟，植株死去，麥粒又否定了植株，這就是否定的否定。

恩格斯在這裡要說明：否定之否定是事物的自我否定，同事物的「新力量」不斷否定同事物的「舊力量」。

我們看到，果農栽種的果樹，一批一批的果實被消費掉，新生的果實一批一批「死了」，「陳舊的」果樹卻常在，我們看到的卻是同事物舊的對新的否定。否定是新質對舊質的否定，例如奴隸社會否定原始社會，封建社會否定奴隸社會，資本主義社會否定封建社會，馬恩列斯毛說否定是事物的自我否定，我們沒有看到奴隸否定掉奴隸主，佃農否定掉地主，工人否定掉資本家。

量變到質變，必須經過漫長的漸變，猿不可能一天內就變成人，猿人之變，要經過無數萬年的漸變，何來飛躍、劇變、突變，「漸進過程的中斷」？滄海桑田，物換星移，常常要經歷千百萬年甚至幾億年的演進，何來「數變進到質變，迅速突然地發生」？山崩、地陷、火山噴發、流星、社會動盪、社會革命，這些「突變」，確實也有，但不具有普遍性，它們也都是漸變的積累；突變也是自然與社會規律的產物，別有用心搞人為的反規律反理性的「社會突變」與「經濟突變」，必會遭到社會潮流與經濟規律的嚴懲，並會重新將其納入到社會與經濟運行軌道中，如暴力社會主義「革命」、毛澤東的「大躍進」。

沒有外部劇冷和劇熱的影響，水不會結成冰，或沸騰變成水汽蒸發；沒有土壤、肥料和適當的溫度、光照，植物不可能生長結實。馬、恩、列、斯、毛的內部鬥爭運動發展的內因論根本站不住腳。常常是外因催生出新事物。有時候外因比內因更重要。

馬、恩、列、斯、毛的「辯證法」，絕不是如他們自己所標榜的，是揭示了天地萬事萬物本質規律的「放之四海而皆準」的「普遍真理」。

矛盾分象的矛盾與質的矛盾。象的矛盾是內部矛盾引起象變，質的矛盾是外部矛盾引起質變，內外有別。對立面互相依存而不互相轉化是象的矛盾（例如資產者與工人）。對立面互相轉化而不互相依存是質的矛盾（例如資本主義取代封建主義）。互相依存是同生共死，互相轉化是你死我活。內因與外因互相轉化就交替作用，象變與質變互相轉化就相間進行，就繼續演繹出世界發展變化的規律和自然界、人類社會發展變化的規律。

象變是質變的中斷，質變是中斷的而不是不斷的。事物象變階段本質是不變的。世界的發展變化是象的矛盾與質的矛盾相間串成的珍珠鏈條。

新生產方式與為舊生產方式服務的舊政治上層建築構成社會革命，表現為代表新生產方式與舊政治上層建築的新舊主導階級的質的矛盾。當新舊主導階級力量相當時，社會革命的時機就來到了。新主導階級推翻舊政治上層建築，建立新政治上層建築為新生產方式服務。新生產方式上升為主導生產方式，與新政治上層建築構成新的社會形態。舊生產方式失去主導地位而殘剩，逐步走向消亡。

一種新政治上層建築樹立之時，就是舊的政治上層建築滅亡之日。是一種突變。

一種新的生產方式萌芽發展之時，是另一種生產方式在起主導作用。新生產方式發展為主導生產方式之後，舊生產方式雖然失去了主導地位，但還會殘剩相當長一段時間而逐步走向消亡。每一種生產方式從發生到消亡都只是一個漸變的過程。

這種生產方式的交替雖然是質變，但卻是一個部分相重疊的過程，經濟社會是漸變的。因此在政治社會突變時，不可以在經濟社會中同時搞突變。政治社會的交替是相銜接的突變，經濟社會的交替是部分相重疊的漸變。國家就是要為發展生產力和穩定生產關係服務。人為搞生產關係的突變和生產方式的突變，都只能破壞生產而阻礙社會進步。（王國光：《哲學別論》句摘）

經過上述哲學論述的對照，完全顯出了馬、恩、列、斯、毛哲學的胡編亂造和胡說八道。他們不懂矛盾卻裝懂矛盾，其實他們用編造的矛盾騙人奪權稱霸縱欲。

象的矛盾是調和的，質的矛盾是對抗的。社會革命與農民起義等一些偶發性事態是突變的，生產方式與猿人之變等普遍性現像是漸變的。天地間的事物無以數計，它們沒有絕對同一的運動變化規律。絕對真理掌握在與此岸世界隔開著無法逾越的鴻溝的彼岸世界手中，人類的認識終究是有限的，任何人都無法用一個公式或一條定律洞開宇宙萬事萬物的本質與運動規律。

「道之道，非常道」。哲學觀點的紛爭將常存。吹噓自己的哲學是絕對真理的馬、恩、列、斯、毛用剽竊的對立統一、量質互變、否定之否定的「辯證法」做為公式去套用自然與社會的一切，目的無非是製造階級、分裂人群、煽動民眾，由他們「快速革命」，飛躍式、突變式奪取政權，掌握世界，行兇作惡。他們還用矛盾鬥爭、自我否定、不斷質變的謬論搞繼續革命，不斷革命，用持續不斷的血腥鎮壓和殘酷屠殺來強固他們的獨裁暴政。

為對應他們的暴力社會主義政權，他們以公有化的名義，摧毀正在漸進中的封建與資本主義經濟，搞生產方式的突變，把拉動主導生產方式發展的地主、資本家悉數置於死地，用指令性模式個人獨裁全社會經濟，結果使經濟崩潰，民眾處於奴隸式的赤貧困境，社會向奴隸制封建制的反方向倒退。

他們在東方幾個窮國得逞了，但蘇東解體，他們創立的暴力社會主義制度，因為是反動的、腐朽的、沒落的制度，是專制制度向民主潮流的最後反撲，因而瞬間就被潮流「否定」了，資本主義制度非但沒有被他們「快速否定」，相反發展得越來越壯大、深入，將伴隨人類社會走向終極。

歷史、事實、潮流無可辯駁地證實了他們哲學目的險惡與別有用心，也說明了他們的「辯證唯物主義」非但不具有真理性，只具有荒謬性與反動性，是一種蒙蔽哲學、欺世哲學、愚民哲學、實用哲學、騙子哲學，是偽哲學和非哲學！

第六節　結語

批判馬、恩、列、斯、毛的「辯證唯物論」，必須引用孫中山的唯生論哲學思想：「宇宙之本體的屬性是生，我們可名之曰生元。」「生元」相當於「太極」，「是無形無象之本體」，這一精神性的「生元」是「宇宙間有生無息大智萬能的主宰」。「宇宙一切皆由生命的元子構成」，物質世界的進化是「生命之流」的不斷更新和創造。「人類歷史演進的根本動力，正是人類之求共生、共存、共進化」，階級鬥爭「是由於人之不能行共生、共存之道而產生的一種道德上的墮落。」（陳立夫：《唯生論》、《生之原理》）。

宇宙生成星系、太陽系和地球，主基調就是要人類之求共生、共存、共進化，最後渡向天堂。宇宙經歷著無盡的毀滅與再生。一次宇宙毀滅了，將生成一個更高極的宇宙、更高級的地球和一批更高極的人類——如此無窮進化。

我們所見聞的「物」，都要毀滅、消亡、更新。大至宇宙，亦不例外。這一切，都透視著宇宙的意志、精神與規劃。

宇宙的意志與精神有其總目標。因而，其實，物是虛像，它走著不斷的毀滅與更新之路，

「物」的演進，是宇宙精神的顯形與一絲不苟的運行，而宇宙意志與精神，才是真正的實像，它亙古不滅，歷久彌新。

由於人們只能見聞到「虛像」，而看不到隱身於虛像之中的實像——宇宙意志與精神；馬恩列斯毛借勢揮舞「唯物主義哲學」大棒，奪權施暴屠人洩欲。馬、恩、列、斯、毛搞「辯證唯物主義」，與一般學者搞唯物主義，意圖截然不同。前者搞「辯證唯物主義」，目的是強暴人類；後者則純粹是進行哲學研究。前者借助「辯證唯物主義」，一度將世界一角變成人間地獄，陷人類於滅頂之災。

只要人類存在並延續，馬恩列斯毛的殺生哲學必將遭到人類永久的批判。

第二章

列寧的「國家是階極壓迫的機關論」批判

第二章　列寧的「國家是階極壓迫的機關論」批判

第一節　國家是階級壓迫的機關嗎

「國家是一個階級壓迫另一個階級的機關」——列寧說。

國家的功能，僅僅就是為了讓一個階級壓迫另一個階級嗎？

如果是這樣，那麼宇宙生成地球和人類，就不是為了讓人類共生、共存、共進化，而純粹是讓人類互相壓迫、惡鬥、殘殺，使地球成為人類的角鬥場和屠宰場，宇宙不是通過生生不息的演進把人類渡向彼岸，而僅僅是通過壓迫把人類摧向死滅。

當代資本主義國家，在三權分立的政治制度下，人人都生活在民主、自由、平等、博愛和充分享受人權的社會環境中，通過透明、公開、公平的自由競爭，使社會向著進步和完美快速騰飛。

資本主義國家是階級壓迫的機關嗎？

奴隸社會由原始社會演化而來。原始社會沒有國家，社會以部落和氏族分居作穩定。生產力發展，使社會產品增加，開始有了私人財產，社會產生了貧富差距，原始社會便進入奴隸社會。如果沒有一個統治機器用強力將一定地域的社會加以管制，世界將陷於猛烈的搶劫、爭奪與血戰，社會會進入無休止的大動亂、大動盪。於是國家應運而生，用強力統制社會，將法律置人間於一定的秩序中，以實施人類勞作和創造的使命。這時的社會已有多餘的產品供養國家管理人員，也是國家產生的重要條件。

當時的經濟、風俗、潮流決定了人群必須有奴隸和奴隸主之分。沒有廣大的奴隸勞作，生民生存無物質來源；沒有奴隸主管制奴隸，社會將永久動亂。因此，奴隸制國家是奴隸社會的穩定器，絕不是一個階級壓迫另一個階級的機關。

封建社會就更進一步了。

如果沒有封建國家的統治機器作管制，封建社會將陷入更大規模的爭奪、劫掠、廝殺與戰亂，最終將導致人類陷於滅頂之災。因為封建社會的生產力已更加進步，貧富差距加大，沒有國家機器作強力統治，社會盜賊橫行，烽火遍地，人間將走向毀滅——這不是宇宙生人的意圖。

中國的封建社會儘管有「刑不上大夫」和「議貴議能」的統例，但絕對搖撼不了皇帝一人獨裁和王法不可侵犯的至高準則，除極少數達官顯貴觸犯刑律能得到皇帝輕懲或赦免，大多數官吏犯法，一樣依律治罪。封建國家的地主，僅是一「民」，封建官吏犯法，尚得治罪，更何況地主？我們沒有看到封建國家的地主與官吏都游離於王法之外，與帝王勾結成一個「階級」，一同「壓迫」農民。

列寧的「國家是階級壓迫的機關」論，完全是對歷史事實的歪曲，是反宇宙進化規律的謬論，恰恰是列寧和毛澤東開創的暴力社會主義國家，倒是一人一黨的統治集團壓迫人民大眾的機關。

儘管暴力社會主義是一人一黨統治集團壓迫人民大眾的機器，但仍不能因此就下定論：社會主義國家的功能僅僅是做為共產黨對人民大眾壓迫的機器。

近代世界，自由與民主已成潮流，世界各國都向民主政治過渡，但在一些蒙昧國家，這裡的民眾雖已不認同封建王權，但又不懂自由與人權，他們「民智」未開，共產黨便打著「公有制」和「實現共產主義」的幌子乘虛而入，在這些地域成立了暴力社會主義國家。

儘管，暴力社會主義制度以一人一黨的殘酷壓迫瘋狂掠奪嚴重阻滯了社會生產力的發展，但如果沒有它，這些蒙昧地域的民眾因找不到合適的國家制度而會使社會陷於極度的混亂和動盪，宇宙需要用最殘酷的國家制度作反面教材驚醒這裡沉睡的愚民，讓他們開啟民智，自覺地去創建最理想的民主政治制度。儘管，暴力社會主義制度因其厚顏無恥的欺詐、狂暴的壓迫、瘋狂的掠奪而使它迅速走向反面，徹底崩解，但除了反面教材作用和警示作用外，暴力社會主義國家仍不改其做為特定歷史時期特定地區社會暫時的穩定器。

第二節　列寧提國家是階級壓迫機關論的目的

國家是社會的穩定器，通過它的強力統制，實現宇宙促進人類共生、共存、共進化的目的。但列寧為什麼無視宇宙理性規律，把國家說成僅僅是人類互相壓迫的機關？

我們先看列寧在這方面的具體論述。

「地主為了確立自己的統治，為了保持自己的權力，需要有一種機構來使大多數人受他們支配，服從他們的一定法規，這些法規基本上是為了一個目的——維持地主統治農奴制農民的權力。這就是農奴制國家，這種國家，例如在俄國……農奴制社會中的階級劃分，是絕大多數人——農奴制農民完全依附於極少數人——占有土地的地主。」「以資本權力為基礎的社會，以完全控制一切無產工人和勞動農民群眾為基礎的社會，卻宣布自己是以自由為基礎來實行統治的。」「其實，國家完全是幫助資本家控制貧苦農民和工人階級的機器，但它在外表上是自由的。」（列寧《論國家》）

列寧可不是徒尚空談的政治家、理論家、思想家，他提出沙俄政權是地主壓迫農民的工具，就像他的聖祖馬克思、恩格斯號召全世界無產者聯合起來，推翻資產階級，建立無產階級政權一樣，他可是要代表工人農民並號召他們把沙俄政權推翻了的。

「勞動者需要國家只是為了鎮壓剝削者的反抗，而能夠領導和實行這種鎮壓的只有無產階級，因為無產階級是唯一徹底革命的階級，是唯一能夠團結一切被剝削勞動者對資產階級進行鬥爭，把資產階級完全剷除的階級。」（列寧：《國家與革命》）

而他列寧建立國家的目的，卻與剝削者完全不同。

「無產階級如果不先奪取政權，不取得政治統治，不把國家變為『組織成為統治階級的無產階級』，就不能推翻資產階級；這個無產階級國家在取得勝利以後就會立即開始消亡，因為在沒有階級矛盾的社會裡，國家是不需要的，是不可能存在的。」「『無產階級將取得國家政權……這樣一來，它就消滅了做為無產階級的自身，消滅了一切階級差別和階級對立，也消滅了做為國家的國家』。」「國家……只能『自行消亡』。」（列寧：《國家與革命》）

列寧建立國家，非但要使勞動者成為統治者、壓迫者，而且是為了最終消滅國家，使人類徹底擺脫壓迫，完全平等，走進天堂——列寧把群眾煽動起來了！

針鋒相對，無產者要奪取政權，必須使用暴力。

領導暴力革命，推翻代表地主資本家的沙皇政權，「馬克思主義教育工人的黨……成為所有被剝削勞動者在沒有資產階級參加並反對資產階級而建設自己社會主義生活的事業中的導師、領導者和領袖。」（列寧：《國家與革命》）

這個導師、領導者和領袖，當然由「創立」國家學說、提出由勞動者當統治者和壓迫者、最終消滅國家、建立大同世界的他——列寧——來擔當。通過一系列的欺騙宣傳，列寧非但領導了推翻沙俄的武裝革命，而且當上了蘇俄的紅色皇帝。他達到了目的，成為了蘇俄最大的壓迫者。

國家會消亡嗎？不會。做為社會的穩定器，國家將伴隨人類走向終極。馬、恩、列、斯、毛提國家消亡說，僅是為更快地建立屬於他們搞個人壓迫的暴力社會主義國家向民眾虛構的一個騙局。

第三節　列寧的「國家是階級壓迫的機關論」引發的後果

列寧用「國家是一個階級壓迫另一個階級的機關」的學說誘使民眾幫他推翻了沙皇政權，但他絕不會「消滅國家」，他的目的就是要永久建立國家，搞個人壓迫。

「十月革命」後不到半年，他就迫不及待地說：「從資本主義過渡到社會主義必需有國家，即強迫手段……」「使成百成千人的意志服從於一個人的意志。」「這種服從可以通過嚴厲的獨裁形式來實現。」（《列寧選集》卷三，第五二〇—五二一頁）

列寧用蘇維埃國家這個「壓迫」機器，用個人無限獨裁，向人民，包括對封建和資本主義生產力的發展有貢獻的地主、富農、資本家，和一切「反革命」，實行堅決的壓迫、鎮壓：送交法庭，就地槍決。整個蘇俄成了一座龐大的奴隸集中營、監獄和刑場。列寧發洩著壓迫欲、鎮壓欲、屠人欲，他的「個人意志」被「充分體現」。

列寧創建的蘇聯國家被史達林繼承。雖然根本無罪的地主、富農、資本家做為「階級」早已被消滅了，但史達林就是不承認蘇聯已消滅了階級，他更不願意「消滅國家」——如果「階級」、「國家」消失了，就沒有了「繼續革命」的「理由」，他的紅色獨裁就會立即被民主潮流沖潰，他就會被民眾送上斷頭臺。

他必須牢牢掌握蘇維埃國家這個「階級壓迫」的機器，用「強有力的專政」——個人無限獨裁——以「加速革命正義」和「肅反」的名義，對「人民的敵人」、「反蘇聯分子」，進行殘酷「壓迫」。

他持續不斷地對黨內、軍內、社會進行充滿血腥的大清洗。被他槍決、暗殺、屠戮了整整一千萬人，而被他迫害、關押、獄囚、反復拷打者更是無以數計——這就是真真實實的列寧創設的階級壓迫——不，是個人獨裁者壓迫人民大眾的機關——暴力社會主義的蘇維埃國家！

毛澤東牢牢掌握暴力社會主義國家的壓迫機器，借人民的名義，發動一場又一場政治運動，前後將一億人民害死、逼死、餓死、槍決，將億萬無辜民眾批鬥、戴帽、坐牢、非刑整治，以此強固他的獨裁暴政——列寧的國家是階級壓迫的機關論為毛澤東奪權、永久獨裁、騙人害人虐人屠人提供了理論依據。

在列寧「國家是階級壓迫的機關論」的影響下，世界蒙昧的東方出現了一群暴力社會主義國家：蘇、中、蒙、朝、越、捷、匈、波、德、羅、保、阿。一群以騙人害人屠人為業為樂的搞終身獨裁的紅色帝國暴君，披著人民的外衣，用人民的名義，任意迫害、殘虐、屠殺人民，那裡成了一座座巨大的奴隸集中營、監獄和刑場——「國家是階級壓迫的機關！」紅色帝國的暴君們理直氣壯地說。

這就是列寧的「國家是階級壓迫的機關」論引發的後果。

第三章

資本主義制度剖析

第三章　資本主義制度剖析

馬、恩、列、斯、毛的辯證唯物論哲學和列寧的國家是階級壓迫的機關論創建了一個共產黨壓迫人民大眾的暴力社會主義制度。沒有任何「理論指南」的世界自由民主大潮藉著資本主義制度的如日之升，卻在世界各地湧動、擴展、深入。

第一節　資本主義制度的生成及其性質

一、資本主義制度的生成

社會潮流決定社會制度。封建社會末期，工業進一步發展，機器大工業和城市化形成；收入的提高，已使人們不再把關心自己的溫飽作頭等大事，而注重實現自己的人生價值：自由與人權。

封建專制已根本無法管制城市化聚居的民眾與機器大生產集群的工人，私有制條件下的人們要求的是相互的平等與人權；資本家反對封建獨裁者侵占他們的利益，阻礙企業的發展，他們要求在自由的環境中充分發揮他們的企業家潛能。

封建制度把社會資源集中到少數權貴手裡，讓少數人掠奪大多數人，嚴重阻止了經濟發展。宇宙需要用民主政治消除專制弊端，優化資源配置。引領資本主義經濟快速騰飛——在多方合力下，新生產方式用民主政治取代舊政治上層建築，資本主義制度應運而生——形成了近代和當代世界的民主潮流。

資本主義制度最先發端於一些尚未出現明顯工業經濟仍處於農耕狀態的國家。

歷史是有些靈氣的。例如英國在十三世紀就用議會限制了王權，十七世紀用「光榮革命」的方式結束王權專制，建立了君主立憲制。這時候，工業革命之父的瓦特還未出生。十六世紀，小國荷蘭就成立了共和民主混合的荷蘭聯省共和國。美國是在工業革命序幕拉開之前建立徹底的民主政治制度的。日本是在遭受列強入侵，在國內一片強國之聲中積極學習先進強國，在本國進行現代化急行軍後的十九世紀末實施多黨制，建立民主政治的。蘇聯是在實現了工業化後，才擺脫暴力社會主義的統治，實施民主政治，重新恢復俄羅斯國名的。

儘管今日中國已實現了工業化，但仍被極度專制獨裁的暴力社會主義所統治。

資本主義的民主政治往往先在一些國性、民性極度開放、民智較高的國家形成，爾後引領資本主義經濟快速發展，英國、荷蘭、日本就是這樣。

國性、民性的性質與民智的程度植根於地理環境。英國和日本都是島國，懷擁驚濤駭浪的海洋，國性開放，民眾視野遼闊，富具奮鬥和獻身精神；分裂的島國地形又不易於確立堅固的王權，民主政治於是首先在這些國家扎根。地大物博的中國由於極度封閉和地理環境的安適，民性安於現狀，奴性極強，因而至今它仍被專制獨裁的暴力社會主義所掌握。

宇宙為地球上人類民主制度的參差產生預先佈設了不同的地理環境，而使不同地域、國度的民主進程有了先後快慢的不同。

歷史需要英國（以後是法國和美國）做世界民主進程的領航員。

二、資本主義制度的內容及其性質

資本主義的經濟、政治、法律、文化等的總和，規定了資本主義制度的內容與性質。資本主義的經濟基礎和上層建築構成為資本主義社會生活的兩大領域。

經濟基礎是同生產力發展階段相適應的生產關係的總和。

資本主義的生產力：

一、不斷發展、深化、精密、提高的科學技術是引領資本主義生產力突飛猛進的引擎和動力。

二、因科學技術的不斷加速發展，不斷創造出更新換代的新的生產工具、生產資料，使生產效率加速提高，物質產品越來越豐富、高級。

三、科技研究人員越來越多，變得更聰明智慧，用科學技術知識裝備的生產者能更熟練地掌握先進的生產工具進行生產，製造更多更好的產品。

資本主義的生產關係：

一、由主導階級資本家和非主導階級工人構成，兩者互相依存。

二、生產資料私有制，歸資本家和業主所有。國家公共產品生產資料歸國家所有，由國家指定人員掌管。

三、資本家和業主雇傭工人進行產品生產；雙方簽訂勞資合同，合同經國家相關部門批准後具有法律效力，工人按合同規定的要求為資方勞動，資方按合同約定給工人報酬；資方通過企業運作獲得剩餘價值，剩餘價值通過四條途徑發揮作用：A、用於擴大再生產，增建工廠，增加就業；B、用於科技研發，用更高效率或生產全新產品的機器裝備工廠；C、將剩餘價值存入銀行，收取利息，銀行將資本作融通，擴大社會性生產；D、業主隨剩餘價值的不斷增多而依法不斷增加應上繳的稅收，國家因國庫的不斷充實而依法不斷增加國民待遇。

於是，國民因不斷增加的工資和福利待遇購買更多更新更高級的產品，滿足提高著的生活需求，提高自己的生活品質和水準。業主在擴大再生產和研發的同時也加大了對生產資料和研發設備的需求，全社會需求的擴大、提高和深化剛好對應資本主義迅猛發展的科技化大生產不斷加大和深化著的供給。資本主義經濟獲得了毫無障礙的快速騰飛。

資本主義的上層建築：

三權分立是資本主義社會最根本的政治制度。立法、執法、行政的嚴格獨立保證了資本主義國家的民眾在法律面前人人平等，剷除了滋生獨裁與腐敗的土壤。自由、平等、博愛是資本主義社會的主流意識，個人財產與人權不可侵犯。自立、自主、自強思想已深入民眾靈魂。藝術、法律、宗教、意識形態服務於自由、民主與人權潮流。資本主義政治促進社會資源得到最合理的配置，各種社會潛能得到最有效充分的發揮，最大程度地加快了經濟的發展，加速民眾的幸福。當然，資本主義制度也處在不斷發展著的過程中，其職能也在不斷改善、深化與加強。

資本主義的政治制度主要分君主立憲制、總統制和議會制。

君主立憲制，即「有限君主制」。資本主義國家君主權力受憲法限制的政權組織形式。封建制度發展到資本主義制度後的過渡性產物，分二元制和議會制兩種形式。二元制：君主和議會分掌政權，君主任命內閣，內閣對君主負責，君主直接掌握行政權，議會行使立法權，但君主有否決權。如十九世紀末二〇世紀初的德意志帝國和明治維新後一段時間的日本。二元君主立憲制在現代僅有個別國家實行。

英國、比利時、荷蘭、挪威、瑞典、丹麥、日本、泰國，實行現代議會制的君主立憲制。在自由民主的時代潮流下，政黨制和議會制在世界各國不斷得到擴大與加強。在議會制度下，議會掌握立法權，內閣由議會產生並對議會負責，君主並無多少實際權力，大多行使禮儀角色。

總統制，以總統為國家元首和政府首腦，行使國家最高行政權力的政權組織形式。十八世紀末最先出現於美國。總統定期由公民直接或間接選舉產生。總統直接組織和領導政府。總統向議會報告國務，無權解散議會，對議會通過的法案可行使一定限度的否決權。

議會制，亦稱國會制，以議會為核心建立起來的政權組織形式。廣義的亦稱「代議制」。由選舉產生議員組成議會，按三權分立的原則，由議會執行立法職能，並在不同程度上對政府實行監督的制度。狹義的與總統制對稱。指以議會為最高權力機關，政府（內閣）由議會的多數黨或政黨聯盟組成，並對議會負責，議會有權監督政府施政、決定政府去留的政治制度。

資本主義的民主性直接體現為多黨制度。

多黨制是資本主義制度的必然產物。多黨競爭體現了最廣泛的民主，並能順應潮流時勢將主流民意集中起來，變為政府的行動，為廣大民眾服務。

多黨競爭，透過各個政黨分流並集合了國家的各種民意，定期經過民主選舉，推舉出集中主流民意的政黨掌握國家的議會、政權，用立法和施政實踐實現民眾的願望。一黨執政或多黨聯合執政由資本主義國家一定時期的國情、選情不同而異。最早的資產階級政黨是十七世紀七〇年代英國的輝格黨和托利黨。

資本主義的主導生產方式為工業經濟，但仍殘剩著不斷消亡的封建農業經濟，萌生著不斷成長壯大的高技術經濟，三者交疊演變，向著高技術經濟漸進。

第二節　資本主義制度的由來

人類歷史的前進方式，經歷著爬、走、跑、飛的過程。使用舊石器幾百萬年的原始社會，人類是在地上爬；被鐵鍊和枷鎖桎梏著的奴隸社會的奴隸們，是佝僂著身子艱難地行走；使用鐵犁、鐵斧、鐵刀和各種先進工具的封建經濟，已擺脫了鐵鍊的桎梏，在地上跑；大工業的資本主義經濟，如自由舒展的翅膀，馱著人類在天空騰飛，越飛越快，最後發展成高技術經濟，以光速馱著人類飛進天堂。

因為是由「跑」直入了「飛」，因此，資本主義社會在世界上的形成，速度要快許多。然而，資本主義的形成發展，卻也經歷了曲折複雜的過程。

要發展工業，首先就要加強通商，這就需要把被海洋和地域隔開的世界版圖連成一體，使各國之間互相認識，從而造成流通，引起競爭。

西元一五〇〇年前，人類生存在相互隔離的幾塊陸地上，人們幾乎不知道地球是方還是圓的，而生活在各地的人都認為自己居住在世界中心。人類處在蒙昧時代。

後來的地理大發現，開始把自古以來被割裂的世界連在了一起，從而拉開了不同文明間的相互聯繫、對抗、爭鬥的歷史大幕。

歷史有精密的規劃與佈局。人類當然不會料到，拉開這一聯接世界版圖重大歷史大幕的，竟是偏居在歐洲大陸西南角上兩個面積不大的國家：葡萄牙和西班牙。

西元一四八七年七月，為覓商機和爭霸權，葡萄牙的約翰二世國王，派遣勇敢的航海家狄亞士駕三艘帆船沿大西洋南下，在罕見的暴風和澎湃波濤的裹挾下，狄亞士的航隊被動地向東南方漂泊了十三個晝夜，繞過了非洲最南端，發現了「好望角」。此後不久，征服了格拉納達雄心勃勃的西班牙女王伊荷貝爾派遣航海家哥倫布向大西洋腹地西征。經過兩個多月的艱難航行，哥倫布終於發現了「新大陸」——美洲！世界進入海洋時代。

從此，在堅船利炮的猛烈攻擊下，一個個海上交通戰略要點相繼成為葡萄牙的囊中之物。葡萄牙壟斷了半個地球的商船航線，成為當時海上的貿易第一強國，香料貿易量驟升。此時，西班牙正加緊在美洲大陸進行掠奪；從一五〇二年到十六世紀末，世界金銀總產量的百分之八十三歸西班牙所有。

葡萄牙和西班牙在高奏了英雄的凱旋之歌後，以沉默謝幕。它們的地理大發現召喚了工業時代的來臨，為世界工業的發展鋪開了競爭場地。

接著，歷史把商業繁榮的頂點幸運地安排給了歐洲西北部的小國荷蘭。一個僅有一百五十萬人口的荷蘭，將自己的勢力幾乎延伸到地球的每一個角落，號稱「海上第一強國」。

這是一個天生極度開放的商人國度，人們沒有王權專制觀念，獲得足夠的財產是他們的信仰，透過經商日漸富有的市民們像購買貨物一樣，從貴族手中買到了城市的自治權。市民們自行立法。「市民自治」為荷蘭的城市注入了強大的發展動力。

一五八八年，七個省份聯合起來，宣布成立荷蘭聯省共和國。對財富充滿渴望的商人階層決心擴大財富，成為遠洋航行的戰士，靠自己去開闢前往東方和美洲的航線。他們創立了荷蘭聯合東印度公司。公司的運行需要資金，為了融資，他們發明了人類歷史上第一個偉大的金融創新——發行股票。透過向全社會融資的方式，東印度公司成功地將分散的財富變成了對外擴張的資本。

一六〇九年，世界上第一個股票交易所在阿姆斯特丹誕生。接著，他們又探索現代經濟的核心領域——建立銀行。荷蘭的市民是現代商品經濟的創造者，他們將銀行、證券交易所、信用、有限責任公司統一成有機的金融和商業體系，由此帶來爆炸式的經濟增長。

如果說，是葡萄牙和西班牙前所未有地把世界版圖連成一體，荷蘭的偉大和卓越貢獻就在於空前地作了金融和資本創新——建立了銀行、證券交易所和信用機制。前者為工業的興起開拓全球性的競爭場地，後者則為資本主義的發展作了金融和資本先導。接下來應有另一個強國——英國來充當工業革命、發展資本主義的前鋒了。

一六八八年，極具民主氣質的英國人以「光榮革命」的方式，結束了王權的專制。從此，國王由議會決定產生，君權從「神授」變成了「民授」，以後逐步建立起君主立憲制。

英國之能成為後起的海上強國，源於其內部政治制度的民主性。光榮革命前後的英國，人口大量增長，商業和手工業迅猛發展，對外貿易成為越來越重要的國計民生。在打敗了西班牙、葡萄牙之後，英國將海上馬車夫荷蘭也趕下了海上霸王的位置。英國建立起一支歐洲最強大的海軍，它的商業觸角伸向了全世界。

在各種合力下，英國成為了世界上第一個工業化國家，開創了影響深遠的自由經濟模式，並建立起一個地跨全球的「日不落帝國」。殖民擴張和海外市場的成熟，使各種商品需求量越來越大，手工業工廠已無法支撐龐大的需求，生產力急需發展呼喚著創造發明。好在英國極度開明的政治體制早已準備好了將聰明才智納入實用軌道的各種機制。這些機制如同一張巨大細密的網，將世界上最優秀的人才和技術都收聚到了英國。其中，專利保護就是一項重要措施。

在洶湧的創造發明熱浪中，瓦特發明了蒸汽機，引領英國發起了第一次工業革命浪潮。這之前的一六八七年，英國的牛頓發現了萬有引力，他把星星、地球和自然界所有的力量都放在了他的天平上，為瓦特發明蒸汽機作出了極大的啟發。此時正是英國歷史上的科學鼎盛時期。

一七六五年，一種全新的蒸汽機在瓦特手中誕生了，人類從此擁有了自己創造的動力，它成為工業革命的標誌，瓦特被稱為「工業革命之父」。

一七七六年，英國的亞當．斯密出版了《國富論》。「自由競爭」這個今天已被人熟知的概念，成為貫穿亞當．斯密經濟學說的主線。亞當．斯密所說的「看不見的手」，開始對西方國家的經濟政策產生深刻的影響，英國引領世界走進了偉大的資本主義新時代。

如果說，牛頓為工業革命創造了一把科學的鑰匙，瓦特拿著這把鑰匙開啟了工業革命的大門，亞當．斯密則揮動著一隻看不見的手，為推進工業革命創造了全新的經濟秩序。

為了實施自由貿易政策，英國用武力攻開了一個又一個國家的大門，使自己迅速擴張成為一個「日不落帝國」，一個以英國為核心的商業貿易圈在這個帝國裡逐漸形成，從而把它的資本主義經濟模式和民主政治影響擴展到全世界。

一八一四年，英國誕生了第一個蒸汽機火車頭。一八三〇年，蒸汽機車開始在英國第一條投入營運的鐵路上奔跑。資本主義時代開始乘著火車，在西方大地上迅跑。

宇宙喜歡用不斷變動的軌跡活性地塑造地球，輝煌的重心在譜寫人類歷史的世界版圖上不停地移動著。正當英國盛極之時，太陽開始西斜，為英國提供巨大資源的越來越龐大的殖民地，逐漸成為日不落帝國身上的巨大包袱。從十九世紀末二〇世紀初開始，隨著世界範圍內民族解放運動的高漲，大英帝國走向了衰退。英國引領世界向資本主義進發後，把發展資本主義的重任讓位於其他強國。從此開始，德國和美國迎頭趕了上來，開始引領第二次工業革命浪潮。

法國在其歷史進程中，對世界資本主義的發展，起過特殊的推動作用。

法蘭西第五共和國位於歐洲大陸最西端。三百多年前，它憑藉路易十四的強大王權，稱霸一時。

路易十四是一個矛盾人物，他喜歡專政，卻又放任國內自由思想盛行，讓民主與平等觀念深入人心，這與他的酷愛藝術的性格是分不開的。路易十四親自創辦了法蘭西舞蹈樂院、音樂學院、喜劇學院、建築學院和科學院。巴黎這個全世界的文化、藝術之都，成了聚焦全球目光的舞臺。這一時期的法國在建築、繪畫、戲劇、舞蹈等方面將古典主義藝術發展到了頂峰。

從這時期開始，法國的沙龍文化日盛，各個公眾場所和高雅廳堂給藝術家和思想家提供了講臺和聽眾，刺激著民眾靈魂的翅膀向著自由的天堂騰飛。這種政治環境使本性酷愛自由的法國人的思想十分活躍，人們都渴望改變這個舊世界。主張由開明的君主執政、強調資產階級自由平等思想的啟蒙思想家伏爾泰和主張人生而平等的哲學家盧梭就生活在這個時代，他們深邃、博大、開闊的民主理念激勵了法國這一時代的民眾，從而為法國大革命作好了充分的思想準備。

伏爾泰和盧梭去世十一年後，即一七八九年，法國大革命爆發。法國大革命綱領《人權和公民宣言》正式通過。宣言莊嚴宣布：人人生而自由、平等，且始終如此；財產神聖權不可侵犯。法國的最高權力很快就從國王手中轉移到了國民議會。國民議會宣布：廢除一切封建特權。一百二十多年前由國王路易十四建立起來的絕對君主制被宣告死亡。一七九二年九月二十二日，法蘭西第一共和國成立，四個月後，國王路易十六被處死。

通向自由民主的路不會一蹴而就，徹底開啟一個全新的時代也絕不會一帆風順。當時的法國發生了與歐洲的戰爭，戰爭使革命走向極端，凡是涉嫌叛變共和國的人都上了斷頭臺。在短時期內，法國有四萬人被處決。一七九三年春天開始，巴黎成了一座革命和恐怖交織的城市，這就違背了四年前頒布的《人權宣言》對自由的定義：「自由就是能夠做任何無害於他人的事情。」

誰能領導法國走出困境，恢復光榮？法國人選擇了一位強有力的人物——拿破崙來領導國家。拿破崙成為法蘭西第一帝國的皇帝。

拿破崙頒布了《法國民法典》。後人把這部積澱了啟蒙思想和大革命精神的民法典稱為《拿破崙法典》。這部法典以人權、自由、平等思想為主導。

拿破崙開始征戰歐洲。一八一二年，隨著連續四次反法同盟的灰飛煙滅，拿破崙幾乎征服了整個歐洲。《法典》對整個歐洲產生了重要影響，拿破崙把人權、自由、平等的法國大革命思想帶到了被他征服的每一片國土上。拿破崙最後失敗了，因為他以侵略實施的民族壓迫恰恰違背了他的自由和平等的大革命理想，為此而遭到戰敗國的反抗而使拿破崙走上了絕路。但不可否認，拿破崙征服歐洲，在這些國家確立了新的原則，即法國革命的原則、平等的原則並摧毀封建制度，為資本主義首先在歐洲完全實現掃除了思想和制度障礙。

在法國大革命思想薰陶下，一八四八年，德意志多個邦國爆發了推翻君主專制、建立君主立憲制的革命。這是一場以資產階級為主體的革命運動。各邦代表在法蘭克福組成了全德意志議會。

一八七一年一月十八日，德意志帝國在法國的王宮裡宣告了自己的誕生，一個統一的德意志民族國家出現了。

德國以獨特的方式走上了現代化進程，超越了英國。全民教育是智力之源，為德國培養了高素質的國民，帶來了源源不絕的創造和發明。憑藉這一強大潛力，十九世紀的德國引領了第二次工業革命，站在了世界科學技術發展的前沿。到一九一〇年，德國的工業總量超越了所有歐洲國家。

一九八九年東歐劇變，德意志民主共和國迅速崩潰，歸併德意志聯邦共和國。德國統一。

美國是第二次工業革命的策源地。

僅有二百三十年歷史的美利堅合眾國，在歐洲文明的基礎上，獨創性地走出了一條自己的發展道路，成為了當代長盛不衰的第一強國。

這是一個移民國度。十八世紀，英國在北美大西洋沿岸，陸續建立起十三個殖民地。這就是美利堅合眾國的源頭。

一七七五年四月十九日，為對抗大英帝國增稅，一支英國軍隊與北美殖民地麻薩諸賽州萊辛頓的民兵發生衝突，當一聲槍響劃破靜空，使這場衝突上升為戰爭，這就是「美國獨立戰爭」。

一七七六年七月四日，十三個英屬殖民地聯合簽署了《獨立宣言》，宣布脫離大英帝國的統治，組成美利堅合眾國。《獨立宣言》稱：「人人生而平等，造物主賦予他們一些不可剝奪的權利，其中包括生命權、自由權和追求幸福的權利。」

一七八七年九月十七日，美國第一部成文憲法最終形成。國家主權由州政府轉移到聯邦政府；各州保留的自治權，聯邦政府不得干涉。一七八九年四月，華盛頓正式就任美國第一任總統。一個真正意義的美國誕生了。美國的民性開放，民心崇尚自由、民主與人權，國土又得天獨厚，沒有歷史包袱，因而發展相對較快。到一八六〇年前後，美國的經濟發展水準已超過大多數歐洲國家。

之後，美國解放黑奴的南北戰爭的勝利，維護了國家的統一，它為美國大工業的發展，準備了條件。美國從此變得強大起來。

這一時期，美國的工業也正經歷著革命性的飛躍。美國的發明家愛迪生發明了電燈、電報，為世界開創了一個全新的電氣時代。從此，電力逐漸取代蒸汽動力，成為經濟發展的新能源，給美國經濟的發展帶來了強勁的動力，由電力引發了一系列技術革命，被稱為第二次工業革命。德國正是引用了美國的發明創造，引領了第二次工業革命浪潮。

一九一四年，第一次世界大戰爆發。來自歐洲的軍火和鋼鐵方面的訂單使美國的工業更加活躍，美國擁有了世界百分之四十的財富。美國和英國、法國等國成為了戰勝國。

一九〇三年，萊特兄弟發明了飛機，把人類飛翔的夢想變為了現實。一九二七年，美國成功使用電影技術，電影產業進入有聲時代。一九二四年，汽車開始在美國普及，美國成為裝上飛輪的國家。無線電收音機的創造發明使一個聲音同時在全美國傳播。

日本是以驚人的速度進入世界強國行列的。

以儒學為經典的日本曾度過了漫長的閉關鎖國歲月，然而當它一接觸到世界，就立即融入國際，勇超列強。

一八五三年七月八日，美國派出東印度艦隊司令佩里率領四艘全副武裝的黑色大船，侵入日本橫賀須港。佩里代表美國總統提出了開港通商的強硬要求。理智的日本人接受了佩里的要求。佩里展示了武力，並向日本展示了本國工業革命的成果：鐘錶、望遠鏡、電報機、蒸汽機車。日本統治者從鄰國大清帝國在鴉片戰爭的慘敗中覺察到了自己的危機。此後不久，荷蘭、俄國、英國和法國蜂擁而至，在這個島國上爭奪各自的利益。不甘示弱的日本統治者知道，只有使自己強大起來，才能鬥敗侵略者。

日本進入了「明治維新」的全新時代。一八七一年，日本派出一支近百人的政府使節團，出訪歐美各國。他們決心以德國為發展模式，由國家來主導工業發展。打開了封閉，本性開放性格勇猛的日本人從師從中國，改變為師從世界強國，決心趕超世界列強。

日本展開了快速的現代化急行軍。

日本政府直接從西方拿來了德國式的礦山冶鐵廠、英國式的軍工廠、法國式的繅絲場，還重金聘用了大量國外技師。當時明治政府財政支出的五分之一，都投入到了興辦企業中。除了開辦國營工廠，還大力扶持民間企業。

在西風東進中，一場大規模的、持久的自由民權運動正在日本社會各階層展開。民眾對政府提出了制憲要求。

一八八九年二月十一日，《帝國憲法》頒布實施。《帝國憲法》使日本政治實行的是表面上的多黨制，實際上的天皇制。也決定了日本在崛起的同時對外擴張、對內高壓的軍國主義走向。

日本的工業化以超出常規的速度朝前騰飛。

從一八九〇年以後，日本改變戰略，從透過改革促發展，變成了透過戰爭來促發展。一八九四年，中日甲午戰爭爆發。一九〇四年，日俄戰爭爆發。一九一四年，日本加入第一次世界大戰。大量的資源和賠款透過戰爭流入日本國內。僅甲午戰爭日本從中國掠奪去的賠款數額，就相當於它當年歲入的四倍多，日本用大半賠款充入軍備。

一九三一年，日本侵略中國東北，引發九·一八事變。一九三七年七月七日，日本挑起盧溝橋事變，發動大規模侵華戰爭。一九四一年十二月八日，日軍偷襲珍珠港，太平洋戰爭爆發。一九四五年八月，美軍在日本廣島和長崎投下兩顆原子彈，給了日本毀滅性的打擊。一九四五年八月十五日，日本宣布戰敗。

戰敗後的日本，仍然留下了明治維新以來百年發展的底子，即「軟實力」。這是日本戰後儘快實現經濟騰飛的一個基礎。因而日本僅僅用了二十多年時間，就實現了經濟的崛起。這與鄰近的中國，毛澤東用暴力社會主義大搞獨裁霸權，摧毀中國經濟，使中國保留在野蠻的農耕狀態，形成了鮮明的對比。這更說明一個國家外部的崛起，源於其內部政治制度的優越性。

一九八九年，實現了工業化的暴力社會主義制度的東歐發生劇變，一九九一年蘇聯解體，實現了民主政治制度，融入了資本主義社會。世界各國以各種不同的步伐和方向，不可阻擋地向資本主義時代邁進。

第三節　資本主義制度的優越性與長遠性

一、資本主義制度的優越性

由於深深根植於民主的土壤，資本主義制度具有歷史和當今任何其他政治制度無可比擬的優越性。

民主選舉制、多黨競爭制、三權分立制，保證了資本主義國家政權能夠有效代表主流民意，順應時勢和社會潮流。

資本主義制度能保證社會生產力快速向前發展。獨裁與富裕勢不兩立，民眾只有富裕了，才會想到自由，為爭取做自由人而砸碎獨裁的桎梏。獨裁者不容許民眾富裕起來，因而仇視知識，仇視科學，喜歡貧窮，認為越窮越光榮的毛澤東就極端仇視知識，在他的極度專制統治下，中國經濟非但幾十年沒有發展，甚至倒退，他還高喊「社會主義解放了生產力」。資本主義制度是有效的競爭機制，它使社會的方方面面、各級各層、各個領域，充分釋放著活力和能量。儘管，資本主義政治也充滿權術與宣傳，也有弊端，但由於它是民主的、與權力制衡的，驅使每一個政黨只能以發展經濟為自己的競選口號。每一任總統只能以發展經濟為己任，在任期內為國人謀福祉只能成為他的職責和願望。各級公務員同樣以盡責為己任，尸位素餐者必須離開崗位，為社會所唾棄。以法律保護的專利權和巨大的利益驅動，使科技人員奮力拼搏，埋頭鑽研，科研成果四面開花，碩果累累，有力地驅動生產力發展。資本主義制度有效地配置人才和資源，使人盡其才，物盡其利。資本主義制度極大地解放了生產力。

資本主義的生產關係順應了生產力的進步：

一、被法律保護的生產資料私有制保證了企業主進行管理、研發、自主創新的能動性、積極性，不斷地創造更多的剩餘價值，擴大再生產和向全社會融資，因產值增加不斷增加上繳的稅收充實國庫，提高全社會福利。

二、公平、公開、公正的競爭使勞動力和人才得到充分利用、合理配置，保證工人和科技人員的待遇隨企業生產發展不斷提高，生產力的各個方面都處在高效運轉狀態。

三、議會和工會用法律保障了勞資雙方在人權上處於平等地位，工人收入隨經濟發展穩步提高，從而不斷增加社會總需求，擴大社會總供給，拉動生產力進步。

四、政府用「看不見的手」拉動自由競爭，同時用「看得見的手」調節經濟，使社會不斷克服經濟危機和經濟衰退，使經濟平穩發展。資本主義制度主動地使生產關係與生產力保持協調，從而確保了經濟快速高效增長。

資本主義的上層建築順應並引領經濟基礎的發展。

充分的民主性，使資本主義的國家政權始終代表主流民意，創新科技、發展經濟、提高民眾福利成為政權的主攻方向。民主、自由、平等、人權已成為社會普遍意識，用政治、法律加以充分實施，用道德、藝術、宗教、哲學等形式加以充分宣揚，使人人具有獨立意識，自強觀念，從而使整個社會充滿活力、創造性、進取性和拼搏精神。資本主義制度的充分民主性決定了它的上層建築能引領經濟基礎快速騰飛，成為經濟基礎的強大的驅動力。

充分的民主性使資本主義的國家政權和社會機器始終處於全民的監督之下。三權分立的政治架構、嚴密的法律和輿論監督，使當權者難以作弊。資本主義制度體現了公開、公平、公正、透明的原則，確保起點平等終點不平等，人人都憑藉能力創造效益，依靠業績獲得對等收益，社會的政治和經濟能量充分釋放。

資本主義制度得到公眾的確認與擁護。

資本主義制度之所以出現並不斷得到鞏固和推廣，是因為適應資本主義的經濟和社會生活，代表了當今社會的潮流和發展方向。

做為資本主義社會民眾基礎的工人，首先擁護資本主義制度。資本主義之能實施三權分立的政治制度，是民眾的決定，代表和體現了真正的民意。一人一票制，置任何一個最貧窮最「下賤」的民眾與總統和資本家於「同等」地位，全民與政黨互動，共同治理國家。在法律的制約下，資本主義國家的勞動者能隨國家經濟的穩步攀升，使自己的收入和福利不斷提高。

在資本主義制度下，民眾真正地享受著精神與思想的獨立與自由，天賦人權被充分體現，人生權和財產權被充分保障。這是一個為民眾真正擁護的民主與人權制度。

資本家同樣擁護資本主義制度。

政治上的專制獨裁會扭曲社會經濟。專制獨裁會造成權力經濟，獨裁階層不受法律制約，將黑手伸進企業領域，任意掠奪企業資產，企業主稍有怨言或敢於反抗，獨裁階層便會以種種罪名將企業主加以「嚴懲」，企業損失慘重，難以生存，更談不到發展。

專制獨裁驅使特權階層把黑手伸進國庫，任意侵占偷盜資本家用自己的利潤的部分做為稅收上繳進國庫的國家財政，嚴重影響了國家公共工程的建設和國家採購，削弱了全社會的消費，縮減了總供給，危及了資本家和企業的生存。專制獨裁搞個人「瞎指揮」，把國家經濟搞亂搞砸，影響全社會。

概言之，專制獨裁為全民切齒痛恨，資本主義制度從根基上剷除了專制獨裁，保障了民眾的生存權、財產權、自由權，使全社會邁向越來越幸福的目標。

資本主義國家的法律由議會制訂。議會由全民選出。資本主義國家的法律是人民制定的法律。專制獨裁制訂的法律，是維護專制獨裁、殘虐民眾的工具。與此相反，由於是三權分立，並在人民和輿論的監督下，資本主義國家的任何人，包括總統，都置於法律的規範中，不能游離於法律之外，從而從事實上能做到在法律面前人人平等，確保社會公平與公正，保障了政治的透明性與民主性，把國家的經濟成果公平地分配給國民，並使真理與謬誤、正義與邪惡、好與壞、對與錯，得到正確的安置，確保社會在競爭中向著更高層次運行。

資本主義制度能自行糾正錯誤。政權代表主流民意，隨著主流民意的變動，政權的決策隨之變動，始終順應全社會民心民意，將社會不斷地導向更新更完善的方向。雖然，上述資本主義制度的優越性只是相對於其他社會制度而言，只能是比較下顯示的優越，但資本主義制度仍不失是人類社會至今最完美的一種政治制度。

二、資本主義制度的長遠性

資本主義三權分立的民主政治制度的萌生、成熟、鞏固、發展，雖然經歷了許多艱難曲折，但它僅在短短的數百年的時間裡，就被世界認同，世界越來越多的國家，紛紛拋棄獨裁制度，仿效西方，建立起順應潮流的三權分立民主制度。儘管，各國因國情不同其資本主義制度的形態、構成、民主程度亦各異，但其民主性本質卻相仿。

地球已經邁入了後人類時代，不斷釋放變化著的宇宙和太陽的能量品質，與品質不斷變化著的地球的交互作用，已使人類的生存環境惡化，人類的後工業化又加速惡化著自身生存環境。陸地沉降，海水上升，地球又將回到遠古一片汪洋的混沌狀態，宇宙完成了又一次生成地球、造就人類的大動作，又將邁入再一次更高級的輪迴。

宇宙生生不息地將自己渡向更高級。然而宇宙總是一絲不苟地進行著自己的運作，即使今天的地球已進入了後人類時代，但它用制度和國家來穩定人類的最後演出絕不會改變。世上沒有絕對完美的事物。資本主義制度雖然也不可避免地存在缺點，但它的徹底民主性使它能夠透過較為有效的機制不斷揚棄錯誤，發揚優點，走向完善。

馬、恩、列、斯、毛的「共產主義」不會實現。人人都成了「佛」，成了「仙」，沒了爭鬥，失了個性，安享榮華，其樂融融，人類就會退化為「物」，這不是宇宙生人的意圖。

馬、恩、列、斯、毛的「共產主義」僅僅是奪權、屠人、洩欲的騙局。只要地球上還有少些陸地未被海水吞沒，地球上還有少量人類存在，穩定仍將是社會的主基調，戰爭、恐怖、兇殺、爭鬥仍會做為輔基調始終伴隨人類，驅動人類向更高級的過程進化。人類歷史最後一個社會制度只能是資本主義（包括高科技社會）民主制度，資本主義制度將伴隨和引領人類社會走向終極。

第四節　結語

是誰把三權分立的民主制度冠名為資本主義制度？是馬、恩、列、斯、毛。為了煽動無產者剝奪資產者，他們便把工業化的民主社會和制度指認為是資本主義，把他們精心設計的披著華麗「新裝」的強權暴政吹噓成是社會主義、共產主義。其實他們說反了，他們指斥的資本主義才是真正的、公平的民主社會主義，他們吹噓的那個「社會主義」、「共產主義」，才是貨真價值的權貴資本主義、裙帶資本主義、騙子資本主義、專制資本主義、極權資本主義、盜賊資本主義、惡棍資本主義、紅色帝國主義。

騙子、魔鬼儘管裝扮成人，歷史終究要還原其真相。用天花亂墜的欺騙和謊言將幾十億人推進暴力社會主義集中營的馬、恩、列、斯、毛已埋進墳墓——東歐劇變、蘇聯解體已是實證。

但他們還在墳墓外殘留著一條半死不活的尾巴——「中國特色」社會主義、暴力社會主義的朝鮮和越南。但他們的靈魂和軀體既已死亡，尾巴還能活得長久嗎？

第四章

暴力社會主義制度剖析

第四章　暴力社會主義制度剖析

萬能的宇宙為地球創設出一個萬花筒般的競爭舞臺。它創造出許許多多的對立物，例如貓和鼠、羊和狼、青蛙和蛇、宗教與罪惡、和平與戰爭，引發爭鬥，活躍生存。放出一些流氓、惡棍、奸人、殺手與恐怖分子，讓他們搗亂人世，以此啟動人類，富足智慧，煅造進取，策勵奮進，將人類從此岸渡向彼岸。暴力社會主義制度就是這樣一個反面角色。它用億萬人的鮮血洗劫地球，擦亮人類的眼睛，使人類自覺地拒絕專制，走向徹底的大民主。

人類社會經歷原始社會、奴隸社會、封建社會和資本主義社會，卻不普遍經歷過暴力社會主義社會。暴力社會主義制度僅在世界一角發生，它做為一個悲劇起到教育和警示人類的作用。它是一個偶然歷史。

第一節　暴力社會主義制度的成因

任何一種社會制度的生成與鞏固，必以特定的經濟、民性為基礎和條件，即是潮流的產物。所不同的，是奴隸制與封建制的專制獨裁是直白的、乾脆的、赤裸裸的，它坦白地說：「朕即國家」、「君權受命於天」——一句話，生民由我專制，國家任我獨裁。

暴力社會主義就不同了。

暴力社會主義的領袖向人民宣告：無產者們！資產者和有產者正在壓迫你們，你們要聯合起來，由我帶領你們，剝奪剝削者，實現全人類的解放！

當暴力社會主義政權一旦建立，「領袖」立即以人民的名義，用「人民軍隊」、「人民公安」、「人民法庭」、「人民監獄」，將人民桎梏和禁錮，任由手執兇器的「領袖」一人一黨胡作非為，屠虐民眾；「領袖」幹任何壞事，都代表人民，閃耀真理。人民對他稍有異議，他便用人民專政——無產階級專政——以反人民反革命反社會主義罪將人民無情壓迫，任意屠戮，人民用冤魂屍骨鋪就領袖通向「幸福」的天堂之路。在領袖飛揚跋扈、無惡不作的同時，人民還以為滿嘴謊言的領袖真的帶領他們奔向天堂，他們戴著美麗的精神枷鎖和沉重的鐐銬，掀起了崇拜領袖的造神運動。

暴力社會主義制度就是這樣一種極度迷人無法使人識破的超級強暴專制制度。

列寧領導沙俄的農民和少有的幾個工人，推翻沙俄政權，建立了蘇俄暴力社會主義。

列寧的繼任者史達林藉著二戰的勝利，用軍隊和坦克，在東歐克隆出一系列類似蘇聯的暴力社會主義：捷克斯洛伐克、波蘭、東德、羅馬尼亞、保加利亞、匈牙利、阿爾巴尼亞，還有亞洲的蒙古和朝鮮。

毛澤東率中國農民，推翻了孫中山締造的中華民國，建立了暴力社會主義的中華人民共和國。

胡志明帶領越南農民，趕走法國殖民者，成立了暴力社會主義的越南民主共和國。

貧困的世界東方出現了十二座巨型的紅色奴隸集中營。

馬克思的英明論斷「社會主義首先會在發達的資本主義國家同時實現」，卻促使社會主義在東方幾個窮國得到了實現！事實給了渾身閃耀真理的馬克思一記響亮的耳光——「終歸，馬克思是我們的聖祖！舉著他做騙人的旗子，我們也就能渾身都閃耀真理！」暴力社會主義國家的共產黨領袖們高喊。

當今世界的農耕國家很多，為什麼共產黨式的暴力社會主義僅僅在東方幾個窮國得到實現？

一句話：共產主義非但是貧窮的產兒，同時還必須是蒙昧和封閉的產兒。

因為，延續生命是人的第一需要，貧窮使人光知尋覓食物以求飽暖達到苟活，不知民主與自由為何物，獨裁便會乘機將人桎梏。封閉使人成為井底之蛙，只知人生來就應被鐵籠隔離。世世代代的貧困，忙忙碌碌地為生存而競奔，又生來與世隔絕，蒙昧的遺傳基因加蒙昧的生存環境，人人又提防著別人搶奪自己的那一點點稀有食物，希望有一個強大的王權來「保護」眾生。而世界發展到這個時代，這些蒙昧地區的民眾已不認同赤裸裸的帝制王權，但他們還不懂也不知去爭取三權分立的民主制度，於是懷揣兇器謊語連篇包藏殺機的共產黨便登堂入室，舉著公有制招牌的社會主義便乘機在這些國土上扎下毒根，結出苦果。

第二節　暴力社會主義制度的由來

宇宙總是按照潮流性規則、穩定性規則、爭鬥性規則、悲劇性規則、個性化規則、警示性規則、複雜性規則、曲折性規則來塑造人類歷史的發展進程。剖開世界歷史的橫斷面，它的每一個斷層的領域、層次、角落，都千差萬別，形形色色，充滿個性。反觀人類歷史，它跌宕起伏，洶湧澎湃，常常驚險無比。縱觀人類社會的進程，總是穩定與驚險並存，進化與守舊交織，幸運與坎坷同在。宇宙喜歡用這樣的筆觸描繪人類社會的畫卷及其走向，從而把人的靈魂雕琢得豐富多彩、充滿智慧、勇於進取、奮力開拓。

在美好的民主資本主義制度在世界奮進之際，萬惡的暴力社會主義制度如期而至。然而，暴力社會主義制度的降臨，完全順乎東方地域一些國度的經濟、政治、民俗、民性。任何一種較有規模的政治制度甚至一種大的政治悲劇的出現，之前總有先聲作預兆和導引。

人類的認識總受局限；人也極容易被現實迷惑，產生不切實際的空想和幻想。做為人類歷史上最後一個同時也是最進步的政治制度——民主資本主義制度，在它生成之初，必然充滿淒苦與悲慘。然而一遇到這種困境，有人便開始咒罵，要折斷資本主義的幼芽，一步登天，尋找理想國了。

空想烏托邦應運而生。

湯瑪斯·摩爾（一四七八～一五三五），文藝復興時期英國的空想共產主義者，一五一六年用拉丁文寫成《烏托邦》一書，以對話形式反映早期無產者對資本原始積累時期「剝削」的強烈抗議，描繪出作者的理想社會：一個沒有剝削、人人平等的天堂世界。

康帕內拉（一五六八～一六三九），文藝復興時期義大利空想共產主義者。一五九九年領導那不勒斯人民反對西班牙侵略者的卡拉布里亞起義，事洩被囚獄中二十餘年。在獄中寫成《太陽城》，闡述了一切公有、沒有家庭也沒有私產、人人都有勞動光榮感的類於原始公社的共產主義生活。

在今天看來，空想共產主義者的空想，完全是空中閣樓，不切實際，不能實現。但對當時資本主義處於胚胎期生活十分困苦的手工業工人而言，無疑具有極大的誘惑力和煽動性。

十七世紀中葉以後，空想共產主義者紛紛湧現。主要代表人物有：

聖西門（一七六〇～一八二五），法國空想社會主義者，貴族出身，參加過美國獨立戰爭，同情法國大革命。一八〇二年以著述宣傳社會主義。主要著作有《一個日內瓦居民給當代人的信》、《人類科學概論》、《論實業制度》、《新基督教》等。認為資本主義社會由於無政府狀態和剝削，成為充滿罪惡和災難的「是非顛倒」世界。不主張消滅私有制，主張通過宣傳、教育等建立理想化社會。

夏爾・傅立葉（一七七二～一八三七），法國空想社會主義者，出身商人家庭。主要著作有《關於四種運動和普遍命運的問題》、《普遍統一論》、《新的工業世界和協作的世界》等。認為資本主義是一種「每個人對全體和全體對每個人的戰爭」的制度，資本主義的文明就是奴隸制的復活。推論出資本主義制度下危機的不可避免性。幻想通過宣傳和教育來建立一種以「法郎吉」為其基層組織的社會主義社會。

巴契夫（一七六九～一七九七），法國空想共產主義者，創辦激進刊物《新聞自由報》（後改名《人民論壇報》）。著作有《永久地籍冊》。一七九六年三月組織秘密革命團體「平等會」，五月被捕，次年死。認為一切不平等的根源是私有制，只有消滅私有制才能消滅不平等，而要做到這一點，只有透過暴力推翻現存制度，才能建立理想社會——共產主義公社。

同期出現的空想共產主義者還有法國的摩萊里、馬布利等。

空想共產主義者們齊聲鼓噪，鳴鑼開道，招引「偉大的科學共產主義理論的創立者」馬克思粉墨登場。

馬克思出生的年代，工業化和民主化的步伐在世界各強國猛進。但通向幸福的征程不可能一蹴而就。這期間，雖然機器大工業得到了迅速發展，但畢竟工業在世界還處於起始階段，資本積累還不夠，工人的生活還很貧困，工作條件和環境也很惡劣，這給馬克思推翻資本主義制度找到了藉口。目睹工人在艱困的環境中生存，這隻帶有德國好鬥基因的邪惡「獅子」怒吼了，他號召全世界無產者聯合起來，推翻資本主義制度——包括一整個舊世界。

馬克思（一八一八～一八八三），生於普魯士一個律師家庭，先後就學於波昂大學和柏林大學法律系，參加青年黑格爾派。一八四一年大學畢業，獲哲學博士學位。一八四二年四月起為《萊茵報》撰文，同年十月起任該報編輯。一八四三年三月該報被查封，馬克思於十月遷居巴黎。一八四四年初辦《德法年鑑》，在該雜誌上發表《論猶太人問題》和《黑格爾法哲學批判》等文章，號召消滅私有制，實現人的解放，並說要實現人的解放，只有無產階級才是真正的革命力量。其「立場」從唯心主義「轉向」唯物主義，從革命民主主義轉向共產主義。同年四～八月撰寫《一八四四年經濟學哲學手稿》，站在所謂的唯物主義和共產主義的立場，猛烈攻擊資產階級政治經濟學和資本主義制度，提出異化勞動論，初步展示了他「獨創」的共產主義理論。

一八四四年八月底，與恩格斯在巴黎碰頭。兩人政見相同，一見如故，結為「兄弟」，發誓並肩戰鬥終身。兩人合著《神聖家族》，批判青年黑格爾派的唯心主義立場，闡述物質生產對歷史起決定作用，頌揚人民群眾是歷史的創造者，拉攏民眾，為他們從「舊世界」手中奪權當炮灰。一八四五年，因四處煽動群眾推翻「舊政權」被逐出法國，遷居比利時首都布魯塞爾。一八四五～一八四六年，與恩格斯合著了《德意志意識形態》，進一步批判青年黑格爾派的主觀唯心主義，撕碎德國「真正的社會主義」的假社會主義面目，狠批費爾巴哈唯物主義的不徹底性，顯示只有他倆才是真理的化身、科學共產主義的創始人、徹底的唯物主義者。

一八四六～一八四七年，與恩格斯在布魯塞爾建立共產主義通迅委員會和德意志工人協會，在工人中大力宣揚他的所謂科學共產主義思想，極力撻伐蒲魯東主義、魏特林平均共產主義和「真正的社會主義」的思想，以批判一切、打倒一切來顯示只有他倆——馬克思、恩格斯創立的「科學共產主義」才是「世界真理」。

一八四七年發表《哲學的貧困》，痛斥蒲魯東的改良主義是幻想，同時痛批蒲魯東唯心主義的形而上學方法論，論述了只有他倆（馬克思和恩格斯）的辯證唯物主義和歷史唯物主義才是指導世界的基本原理。同年與恩格斯一道加入正義同盟，指導該同盟改組成共產主義者同盟。一八四八年發表與恩格斯合寫的《共產黨宣言》，號召全世界無產者聯合起來，向行將「滅亡」的舊世界——資本主義宣戰。

一八四八年，德國爆發了推翻君主專制的資產階級革命。資產階級是善良的，允許各種不同政見者共存。馬克思、恩格斯見機會到了，兩人趕回德國，煽動無產者起來打倒資產者，他們在科隆創辦《新萊茵報》，鼓吹無產階級革命。但德意志各邦很快恢復君主專制，資產階級革命失敗，馬克思、恩格斯一八四九年五月被逐出普魯士，先到巴黎，後定居倫敦。一到倫敦，又跟同盟內部的維利希——沙佩爾作鬥爭，給他們戴上冒險主義的帽子。一八五〇～一八五二年，寫了《一八四八～一八五〇年法蘭西階級鬥爭》和《路易·波拿巴的霧月十八日》等文，聲言必須打碎舊的國家機器，無產階級革命才能勝利，提倡無產階級專政、不斷革命及工農聯盟。

在一八五〇年代和六〇年代，馬克思寫作了《資本論》共三卷（後二卷由恩格斯整理出版）。《資本論》第一卷分析資本的生產過程，第二卷論述資本的流通過程，第三卷闡述資本主義生產的總過程。

為了「暴露」資本主義的「罪惡」，馬克思提出了剩餘價值論：剩餘價值即雇用工人剩餘勞動所創造並被資本家無償占有的價值；榨取剩餘價值是資本主義生產的目的。資本主義愈發展，資本家創造的剩餘價值就愈多，工人卻愈來愈窮，最後無產階級必然用鬥爭砸毀資產階級機器，建立無產階級政權。資本主義必然滅亡，社會主義必然勝利——馬克思預言——他煽動工人造反砸毀資產階級政權。

一八五〇年代末六〇年代初，馬克思在倫敦創建了第一國際並始終是它的領袖。利用第一國際這個「共產者」舞臺，馬克思加緊策動各國工人起來向資產者造反、奪權。在國際內部，又猛烈反對工聯主義、蒲魯東主義、拉薩爾主義和巴枯寧主義。

一八七一年三月十八日，巴黎一些工人在馬克思煽動下舉行武裝起義，成立了巴黎公社。馬克思驚喜萬分，以為巴黎公社會迅速向全世界發展，實現他「共產主義在世界資本主義國家同時勝利」的夢想。但巴黎公社僅是資本主義發展史上一個小小的反面插曲，它很快就失敗了。絕望之餘，馬克思寫了《法蘭西內戰》一書，又強調無產階級專政對於無產階級革命的重要性。在同年九月舉行的國際工人協會代表會議上，馬克思、恩格斯提出只有組建工人階級的獨立政黨，才能保證造反勝利。

一八七〇~八〇年代初，馬克思在繼續寫作《資本論》二、三卷的同時，敏感地注視著國際工人造反的動態，但找不到機會。一八七五年，馬克思抱病寫作了《哥達綱領批判》，稍稍改變他從前的「絕對真理」，提出了共產主義的兩個階段論：第一階段和高級階段。他說在資本主義社會和共產主義社會又有了一個過渡時期，這個時期只能是無產階級的革命專政。一八八三年三月十四日，為當世界共產主義皇帝終身奔波，最終卻絲毫未能圓夢的馬克思，抱著遺恨在倫敦病逝。

被「共產主義導師」預言的一定會立即被社會主義同時取代的西方列強，其資本主義制度如日中天，愈來愈強盛，而被馬克思不屑一顧的落後的幾個農業窮國竟實現了暴力社會主義制度，這實在是對馬克思的嘲弄。更可笑的是，被恩格斯預言的「人類最終的唯一沒有剝削」並且「必將通向共產主義」的暴力社會主義陣營，僅僅存在了幾十年，便發生了東歐劇變，蘇聯解體，暴力社會主義陣營轟然崩潰。

第三節　暴力社會主義的特性

由於暴力社會主義是「以解放全人類為總目標」，「代表人民」，以剝奪剝奪者、公有制為手段，由一人一黨獨裁全社會的政治與經濟，就決定了這個制度只能以欺騙、強暴、惡霸、殘虐、害民、胡搞、撒賴來經歷並結束它的邪惡統治，因而這種制度就具有了如下特性：

一、專制獨裁性

對於暴力社會主義制度的專制獨裁性，列寧首先作了完全的定性。

一、「無產階級專政是由無產階級對資產階級採取暴力手段獲得和維持的、不受任何法律限制的政權。」

二、「專政是由組織在蘇維埃中的無產階級來實現的，而無產階級是由布爾什維克共產黨來領導的。」「專政……這個政權不承認任何其他的政權。當有人責備我們是一黨專政……我們就說：是的，我們是一黨專政！」

三、「階級通常是由政黨來領導的，政黨通常是由比較穩固的集團來主持的；而這個集團是由最有威信、最有影響、最有經驗、被選出擔任最重要職務而稱為領袖的人們組成的……

因此，把群眾專政和領袖專政根本地對立起來，實在是荒唐和愚蠢得可笑。」

四、「個人獨裁成為革命階級專政的表現者、代表者和執行者。」「怎樣才能保證意志有最嚴格的統一呢？這就只有使成百成千人的意志服從於一個人的意志。」

這就是從列寧本人的話中得出列寧的無產階級專政的實質，即：無產階級專政就是一黨專政就是領袖專政就是個人獨裁。

關於如何專政？列寧回答說：「專政的科學概念，無非是不受任何限制的、絕對不受任何法律或規章約束而直接憑藉暴力的政權。」（蘇紹智：《列寧主義批判》再版序）。

毛澤東說他必須搞獨裁：「『你們獨裁』。可愛的先生們，你們講對了，我們正是這樣……我們實行人民民主專政，或曰人民民主獨裁。」（《毛選》）卷三，一四一二、一四一五頁）

因為握有強大的暴力——「人民的軍隊」、「人民的員警」、「人民的法庭」、「人民的監獄」——而且是人民民主獨裁，屬於代表人民的領袖獨裁，因而領袖的任何胡作非為，都閃耀真理，代表人民。誰敢違背，誰就是反真理、反人民、反革命，領袖就會動用「人民的軍隊」、「人民的員警」、「人民的法庭」、「人民的監獄」，對「反動派」成萬成百萬地加以鎮壓、屠殺！

暴力社會主義，非但領袖一人獨裁政治，還由領袖一人獨裁經濟。

「無形的手」和「有形的手」合力運作，才能使經濟高效快速發展。一人獨裁經濟，經濟必被「裁」死。蘇聯在列寧、史達林的一人獨裁下，工業與農業、重工業與輕工業比例嚴重失衡，直到蘇聯解體前，平民的生活還不如沙俄時期。中國經濟被不懂經濟的毛澤東獨裁，胡搞大躍進，大搞政治運動，經濟被徹底「裁」死！北朝鮮在「偉大領袖」獨裁下，建設了整整六十年，社會仍處農耕狀態，人民挨餓受凍，饑寒交迫。正如中國共產黨自己所罵：「一黨獨裁，遍地是災！」人民的回答是：「代表人民」的暴力社會主義的領袖獨裁，人民將屍陳遍野，血泛成海！

不搞專制獨裁，紅色暴政就會被民主潮流沖潰，紅色暴君就會立即被民眾送上斷頭臺，這就決定了暴力社會主義的專制獨裁，必定比其他任何專制獨裁都猛厲千倍。

暴力社會主義的專制獨裁，是「代表人民」的領袖，揮舞「人民授予」的「無產階級專政」屠刀，瘋狂壓迫、掠奪、殘虐、屠殺人民的專制獨裁。

二、武裝暴力性

恩格斯把暴力稱為「萬能的『暴力』」。他說：「既然魯濱遜能夠獲得利劍，那我們同樣可以設想，星期五有朝一日將手握實彈的手槍出現，那時全部『暴力』關係就顛倒過來了：星期五發號施捨，而魯濱遜則不得不做苦工。」（《馬恩選集》卷三，二七七頁）

共產黨領袖是人民的「天使」，他的暴力也就是人民賜予的暴力，他的任何胡作非為都「代表民意」，為了人民。人民對他幹的所有壞事稍有不滿，他立即動用「人民的」暴力，對人民——不，敵人——進行壓迫、鎮壓和屠殺。不是一個一個、一群一群地殺，而是成堆成堆地剁，大片大片地殺，上百萬成千萬地加以鎮壓！魯濱遜被揮舞利劍滿嘴謊言的星期五監押著，順從地走向星期五指向的「天堂」。

中國「解放」後，毛澤東依靠「人民賜予的」暴力，迫害致死了一億人。史達林用「革命」暴力，以「加速革命正義」和「肅反」名義，迫害了幾千萬人，致一千萬人於死命。波爾特依靠社會主義暴力，以反社會主義罪致死二〇〇萬人。金正日用紅色暴力，以反黨反社會主義反領袖罪，每日每時都在酷虐致死大批大批無辜的朝鮮民眾。

藉著銳不可擋的無產階級專政暴力和酷虐人的毒刑，共產黨領袖就都成了「保護人民的領袖」。仗著暴力，他幹盡壞事卻光芒四射。失了暴力，他就成了赤裸裸的騙子和劊子手，立即被人民推上絞刑架。

在自由民主潮流風靡世界的今日，專制獨裁已如坐在火山之頂，隨時都會被噴發的火山焚滅。因而暴力社會主義獨裁者只能以愈來愈擴大和增強的武裝暴力強固其反人類的獨裁暴政。但適得其反。暴力社會主義獨裁者在不斷增強武裝暴力的同時，也就聚集起愈來愈強大的向他倒戈的武裝！

三、謊言欺騙性

在風行民主的近代和當代，要搞專制獨裁，不騙人，絕達不到目的。列寧用喋喋不休的謊言達到了目的——推翻了沙俄政權，當上了暴力社會主義蘇俄的享有「無限獨裁」的紅色沙皇！

毛澤東騙人比馬、恩、列更勝幾籌，他給了民眾許多最美好的許諾：「打土豪，分田地……給人民充分的民主和自由……」幾億農民揭竿而起，幫他趕走了孫中山締造的國民黨，建立起他個人獨裁的中國暴力社會主義。「中國人民從此站起來了！」他在天安門城樓上高喊，向人民揮起了屠刀。

奪取了政權，列寧立即實踐他的「國家是階級壓迫的機關論」。他用剝奪、流放和槍斃處置了所有的地主、富農、資本家，消滅了「剝削階級」。而這一切都是為了「保衛革命」、「保護人民」、「保衛新生的社會主義」——事實上鞏固了他的「個人獨裁」，發洩了他的屠人欲。

史達林在窮凶極惡地屠殺和迫害無辜者的同時，撒下彌天大謊：他的大清洗是為了「加速革命正義」，「肅反」是肅清一切反革命，保障蘇聯共產黨的純潔，掃除社會主義前進道路上的障礙，保護人民安全。

毛澤東強固惡權暴政，搞全國性的大鎮壓、大屠殺，都是用謊言煽動群眾惡鬥，借人民之手殺人民。

這個站在億萬人民屍骨堆上、雙手浸透人民鮮血的人民領袖和導師，時時把「為人民服務」掛在嘴上。他搞害人、屠人的大運動，這種運動也是「人民的」、「無產階級的」的運動：「你們要關心國家大事，要把無產階級文化大革命進行到底！」一場「避免資本主義復辟，使人民免受二遍苦、免遭二茬罪」的文革，害死了二千萬人，整了一億多人，他卻獲得了三個「大書特書」——大書特書毛主席的絕對權威，大書特書毛澤東思想的絕對權威，大書特書毛主席無產階級革命路線的絕對權威。七億中國人集體向他跳起了忠字舞。

這位「共產主義的引路人、世界革命的舵手」，對人民充滿了銘心刻骨的「關愛」和「尊敬」：

——一個共產黨員，應該是襟懷坦白，忠實，積極，以革命利益為第一生命，以個人利益服從革命利益……關心黨和群眾比關心個人為重，關心他人比關心自己為重（《毛選》卷二，三三二頁。人民出版社一九六六年七月改排本）。

——共產黨人的一切言論行動，必須以合乎最廣大人民群眾的最大利益，為廣大人民群眾所擁護為最高標準（毛澤東《論聯合政府》）。

——我們共產黨人好比種子，人民好比土地。我們到了一個地方，就要同那裡的人民結合起來，在人民中間生根、開花（《毛選》卷四，一一〇八頁）。

「紅海洋」氾濫的中國，成了巨大的刑場，槍聲四起，大片「反革命」倒進血泊；遍布中國的看守所、監獄、「精神病院」裡，酷刑之下，無辜者筋斷骨折，鮮血飛迸，慘嚎聲聲……

毛澤東是人民的大救星——共產黨說。

奪取政權，依靠騙人；得了政權，手裡有了槍桿子、刀把子、鐐銬和毒刑，騙人更是肆無忌憚，脫口成章，光耀熠熠。瘋狂鎮壓人民——目的強固獨裁——都是為了保護人民。這是暴力社會主義騙人政權的共有特色。

四、痞子無賴性

做了壞事惡事，絕不認錯，一錯到底，是毛澤東的品性。你們說我錯了，是因為我英明偉大，「真理常常掌握在少數人手裡」。我錯了，為什麼我能打下江山，「解放」全中國？我錯了，為什麼人民都狂熱地崇拜我？「對我們來說，一個人，一個黨，一個軍隊，或者一個學校，如若不被敵人反對，那就不好了，那一定是同敵人同流合污了。如果被敵人反對，那就好了，那就證明我們同敵人劃清界線了。如若敵人起勁地反對我們，把我們說得一塌糊塗，一無是處，那就更好了，那就證明我們不但同敵人劃清了界線，而且證明我們的工作是很有成績的了。」（《毛澤東語錄》第一四頁）

這是毛澤東為自己做惡事壞事絕事豎起的一張「戰無不勝」的擋箭牌。我即真理。凡是反對我的人，都是敵人。敵人害怕真理，必然要反對我。即使我有時錯了，也十分正常嘛，一棵蔥鬱的大樹，能沒有一片腐葉嗎？你們用一片腐葉否定一棵大樹，就是反真理、反革命、反動派！就要打倒！文化大革命好！就是好！

暴力社會主義制度的本質決定了獨裁暴君幹的全是反人類反民主反人道的暴行，在社會主義這個「法寶」的偽裝和無產階級專政兇器的瘋狂砍劈下，真理被指為謬論，正義被指為邪惡，善良被誣為兇殘，美麗被認作醜陋——一切都被倒置著——這一切倒置又都被社會主義的「法律」作了「嚴正」規範。而這一切決定了社會主義暴君是一個死不認錯、一錯到底的惡棍無賴——紅色暴君認了錯，就等於承認社會主義是錯誤制度，人民就會奮起把它推翻——這個制度決定必須由手持兇器的惡棍無賴掌權。

共產黨聖祖馬克思規定無產階級革命是工人革命，而毛澤東搞的卻是農民造反。毛澤東的農民造反其實傳承了洪秀全的農民造反，只是毛澤東借來了馬克思的無產階級專政論披上了社會主義的新裝。舊中國農民具有痞子性。農民運動是痞子運動。毛澤東在《湖南農民運動考察報告》中大呼：痞子運動是革命先鋒——「好得很」！既然是痞子的典型和領袖，也就把痞子的所有特性：流氓、惡棍、無賴，高度強烈地集於一身，將他的痞子、流氓、惡棍、無賴行徑作了全方位發揮。

一九五七年，為了強固獨裁專權，他設計了「引蛇出洞」的奸計，號召全國幫黨整風。「知無不言，言無不盡，言者無罪，聞者足戒，有則改之，無則加勉」。當人們進入了他的圈套，他立即以「右派」、「反革命」、「反動派」罪名把這批響應他號召的人全部擒捉戴帽惡鬥毒打。

全國震驚，一派靜肅，毛澤東惡權霸道立即獲得強固。

毛澤東十分仇恨反對他搞大躍進的人。他沒有錯——有黑子的才是太陽——為了把反對他搞大躍進的全國上千萬幹部全部「歸正」到他的「革命路線」上來，他欺騙愚民：黨內有一個資產階級司令部，全國上下都有它的代理人；他們推行一堆資反路線，妄圖在中國復辟資本主義，讓你們吃二遍苦，受二茬罪！你們要起來造走資派的反！

當造反派打倒了走資派，中國上下都「承認」毛澤東的大躍進和所幹的一切壞事全是「革命路線」，「光芒四射」，中國掀起了對毛澤東的造神運動，目的達到，毛澤東又說：「全國的當權派，大多數都是好的，不好的只是極少數。」他號召成立革委會，讓洗了腦的當權派對造反派兔死狗烹，進行殘酷的捉打。連他的「最忠誠的接班人」——副統帥林彪在《五七一工程紀要》裡都對毛澤東作了總結：「……他今天利用這個打擊那個；明天利用那個打擊這個……他利用封建帝王的統治權術，不僅挑動幹部鬥幹部、群眾鬥群眾……（他）今天拉那個打這個，明天就加以莫須有的罪名置他於死地；今天是他的座上賓，明天就成了他的階下囚……他的整人哲學是一不做，二不休。他每整一個人都要把這個人置於死地而方休，一旦得罪就得罪到底，而且把全部壞事都嫁禍於別人……」

暴力社會主義政權的反潮流性，決定了掌握這個政權的暴君只能用惡棍行徑、痞子手段、欺騙方式、無賴絕招才能維繫暴政。藉著緊握在手令人畏懼的軍隊、員警、監獄、酷刑，更使他下賤的痞子行為得到合法化和神聖化。江澤民厚顏無恥地把反動的共產黨吹捧成「三個代表」。胡錦濤把共產黨的極度腐敗說成是「共產黨的先進性」，用「八榮八恥」訓斥民眾，而他批判的「八恥」，恰恰是中共的所作所為。搞了專制暴政，還要人民對他「和諧」。這一切，都是痞子、惡棍、無賴行徑。從鄧小平對毛澤東「功過三七開」到習近平的「兩個不能否定」都是如此，高舉毛澤東旗幟，借取毛澤東思想資源，政治上堅持「毛澤東路線」。

五、超奴隸制法西斯性

按照馬恩列斯毛的邏輯，社會主義制度建立後，剝奪了資本家、地主和富農，「階級消滅了」，就必須取消「專制獨裁」，給民眾以充分的民主與自由。可是，至今僅剩的三個暴力社會主義國家——中國、朝鮮、越南——建國已六十多年了，從前的「剝削階級」早已進入了墳墓，共產黨統治集團依舊在強暴地壓迫人民！

共產黨對民眾的壓迫與鎮壓，是超乎歷史的殘酷與暴烈。例如毛澤東，根本就不允許民眾批評他，甚至民眾對他統治下的現實稍有不滿，立即以反革命罪批判、戴帽，甚至槍殺。他對政治犯使用的百般非刑，聞之令人毛骨悚然。金正日對付政治犯的手段比毛澤東還要殘酷。鄧小平用坦克實施了「六．四」屠城。封建社會民眾還有言論、結社的自由，中共當局竟不准學生示威抗議日本侵占釣魚島。共產黨時時警覺地掃描著社會，一發現哪裡有異動，就立即派出員警、部隊加以鎮壓。共產黨敢於把機槍架在樓頂，向民眾掃射。胡錦濤一次就用軍隊槍殺了數萬藏民，與民為敵的共產黨，決心時刻把「動亂」扼殺在萌芽狀態。

在風行自由民主的今日，共產黨以扼殺民眾自由與人權為代價的專制獨裁，完全是建立在隨時都會噴發的火山口上，為維繫其一人一黨的強權暴政，除了使用民眾已根本不相信的欺騙外，還得使用比法西斯猛厲百倍的暴力，隨時撲滅即將燃起燎原大火的任何一點星星之火。

共產黨最怕反對黨，因為任何反對黨——哪怕是法西斯黨——都比它民主和善良，任何反對黨的出現，立即會受到民眾的普遍擁護，而群起覆滅共產黨。因而共產黨視反對黨如洪水猛獸，不共戴天，一旦發現哪裡有成立反對黨的苗頭和呼聲，立即動用全部鎮壓機器加以剿滅，以穩固其隨時都會崩塌的反潮流反民意的專制惡權暴政。

在紅色暴政下，維繫「領袖」和共產黨專制的無產階級專政具有種種綁掠民眾的駭人毒刑，民眾噤若寒蟬，他們非但沒有言論和行動的自由，連思想和精神都要受到控制和規範，他們是異化了的戴著暴力枷鎖和精神枷鎖的奴隸。概言之，暴力社會主義就是：共產黨舉著實現共產主義和「為人民服務」的盾牌，肆無忌憚地幹著壞事；誰反對它，它就以反人民、反革命、反政府罪用無產階級兇器兇殘瘋狂地綁人掠人屠人。它是一個設置了騙局的超奴隸制、封建制法西斯暴政！

六、閉關鎖國性

隨知識經濟向生物經濟邁進，電視、電信、網路、衛星、宇航，早已打破了世界各國疆界的隔離，世界已變成了地球村。在自由民主潮流湧動世界的今天，唯有僅剩的幾個暴力社會主義國家還實行閉關鎖國政策。

北朝鮮至今還與世界嚴密隔離。饑寒交迫、毫無人權、苦比奴隸的北朝鮮民眾只知道朝鮮是「天下之中」的「天朝上國」，資本主義是世界上最腐朽的制度，即將滅亡。南面的韓國在美國大兵刺刀脅迫下，掙扎在死亡線上，唯有隨時都會被金正男槍殺和酷虐致死絕無任何自由的、饑寒交迫的他們在社會主義天堂裡，過著最民主自由溫暖幸福的日子。

毛澤東時代的中國與今日朝鮮一樣，幅員遼闊的九百六十萬平方公里的國土完全與世隔絕。中國人不能出國，外國人不能進中國；偶有在港臺的親戚來中國探親，立即以間諜和特務罪加以拘捕送監，爾後「下落不明」。全國僅有的幾家黨報和電臺全部一片聲地罵帝國主義是侵略和奴役世界、鎮壓人民、日落西山、氣息奄奄行將滅亡的反動派，唯有紅色奴隸集中營的社會主義中國是天堂，人民在「紅太陽」的照耀下，幸福地生活。在如此嚴密的隔離與強大的輿論籠罩下，尚未開化的、一直生活在囚室裡的中國人自然像井底之蛙，覺得井比天大。

毛澤東禍害中國二十八年，之後中共無法再以毛澤東的方式暴虐中國，中共被迫搞「改革開放」。但要維繫一黨專制，仍必須實行隔離政策與輿論籠罩。至今，中國人赴港臺澳等地旅遊，均有特務緊隨作嚴密監視；出國旅遊，須嚴格審查；中國人不能訂閱外國包括港臺澳書報雜誌。一國兩制下的港澳密布中共的統戰人員和特務。中共實行嚴格的輿論控制，凡違反「中國特色」一黨專政的輿論，均被報刊、電視、電臺剔除，嚴重者遭中共安全部門調查並處置。連互聯網都有規範，對馬、恩、列、斯、毛包括所有死亡的和尚在的暴力社會主義國家的領袖，均只能歌功頌德，絕不能宣揚其醜行。對於宣傳搞多黨執政者，均被投入監獄，遭殘酷迫害。

共產黨是反民主反潮流的私家黨，一旦打開封閉，在對照和互比下，共產黨反動強暴面目畢露於國民面前，民眾便會憤而將其擊滅。共產黨唯一的只有繼續行使搞閉關鎖國、輿論控制，才能維繫其建立在火山頂上的專制霸權。

七、愚民造神性

實行嚴密封鎖，使民眾閉目塞聽，全都成了瞎子、聾子，然後由他牽著鼻子走。再行使輿論欺騙，用共產黨單向宣傳替自己歌功頌德，為民眾作虛假導向，使民眾不知有漢，無論魏晉，天下唯有共產黨好，共產黨就可以把民眾當牛馬驅使，為非作歹。

搞了愚民，還必須為自己造神，才能使自己的強權暴政堅如磐石。

共產黨為自己造神，有一套自導自演的手法。

領袖手執無產階級專政兇器，對凡與自己邪行惡意稍有相左者，一律殘酷鎮壓，格殺勿論，名之曰「鎮壓階級敵人」。監獄裡，皮鞭嗖嗖，鐐銬鏘鏘，百般毒刑齊上，犯人一片慘號。刑場上，槍聲驟響，人民大片大片倒進屍骨堆中。與此同時，領袖由衷地誇讚人民：「群眾是真正的英雄，而我們自己則往往是幼稚可笑的。不瞭解這一點，就不能得到起碼的知識。」「人民群眾有無限的創造力。」「真正的銅牆鐵壁是……群眾。」民眾在領袖和黨的高壓下嚇得魂不守舍，強暴的領袖又如此尊重他們，把他們讚不絕口，他們不由感激涕零，由恐懼而轉為向領袖敬禮。與此同時，領袖又驅使誠惶誠恐的御用文人們喋喋不休地吹捧他。說謊一千遍就是真理，頌揚一千次就會使魔鬼在人們的視線裡變成大佛，久之，愚民們形成心理定勢：共產黨的確是偉大的黨，領袖是偉大的導師、人民的父親、普照萬物的紅太陽。人民自覺自願地掀起對領袖的造神運動。一手打，一手捧，一邊不停嘴地自吹自擂，與世隔絕生來就是奴隸的愚民們戴著暴力和精神枷鎖與鐐銬，隨領袖的指引奔向地獄——不，走向共產主義天堂——海枯石爛不變心。

藉著強大的無產階級專政，領袖自導自演，搞愚民、造神，輕而易舉。而且只有鎮壓、愚民、造神三管齊下，才能確保他終身獨裁，強霸天下。金正日手握無產階級專政屠刀，在「民主」朝鮮實現了「龍種」終身正傳，北朝鮮建國時還是幼孩的他，也成了征戰沙場、功勳卓越的「偉大領袖」。而且「偉大領袖」的龍袍，不久後又披到他兒子身上。星期五手握槍彈，比上帝偉大。

毛澤東死了。毛澤東以其殘虐無道和胡作非為，使民眾看出他不是一尊神，而是一個大惡棍、大騙子、大惡魔、大無賴。共產黨已不能再像毛澤東那樣為自己造神了，於是中共用另一種語調為自己造神：說自己是「三個代表」、「共產黨員先進性」……

總之，不管你聽還是不聽，說了總比不說好，強盜在搶劫時騙人總比直截了當搶劫「漂亮」許多。有無產階級專政屠斧在手，只要你民眾還不敢反抗，共產黨就要為自己強行造神。

八、權貴裙帶性

「刑不上大夫，禮不下庶人。」「勞心者治人，勞力者治於人。」「天子穆穆。諸侯皇皇。大夫濟濟。士愴愴。庶人憔憔。」奴隸制封建制統治者，從不隱瞞自己是社會的權貴，他們就是人民的統治者。唯有共產黨集團，卻偏要隱瞞自己的權貴身分，說自己是「人民的公僕」。

列寧說：社會主義，「首先是無產階級進行階級鬥爭奪取國家政權，破壞事實上不平等的柱石和基礎，然後由戰勝了剝奪者的無產階級引導所有勞動群眾走向階級的消滅，即走向並非騙局的唯一的社會主義的平等。」（《列寧選集》卷四，一三七頁）

毛澤東對共產黨領導層性質的定性則更為仔細：「全心全意地為人民服務，一刻也不脫離群眾；一切從人民的利益出發，而不是從個人或小集團的利益出發……這些就是我們的出發點。」「國家機關必須依靠人民群眾，國家機關工作人員必須為人民服務。」「我們一切工作幹部，不論職位高低，都是人民的勤務員，我們所做的一切，都是為人民服務……」「我們的責任，是向人民負責。每句話，每個行動，每項政策，都要適合人民的利益……」（《毛

澤東語錄》一四六——一四八頁）

由共產黨領袖們的「最高指示」，可演繹出下列公式：社會主義國家由共產黨領導；共產黨代表人民；共產黨的一切行為，都代表人民利益；反對共產黨領導的，必定是反動派，共產黨將動用人民賦予的國家暴力——無產階級專政，加以鎮壓，以保護「人民的代表」——共產黨。

從上述公式，接著演繹出：

共產黨是人民的黨，因而掌握絕對真理，它統治——不，領導人民——天經地義，誰反對它（包括它之中的一分分），就是反人民，就是顛覆政府，製造動亂，搞復辟，必須加以剿滅，確保共產黨對人民的絕對領導。共產黨將千秋萬代統治——不，領導——人民，奔向共產主義。

於是，以共產黨為核心的社會主義統治層，可以以任何方式和手段對付——不，保護——人民。

由此必然導致：暴力社會主義政權是用謊言為自己包裝的不可搖撼的壓迫民眾的共產黨權貴政權。

在今天這個大步邁向民主自由的世界上，民眾已不允許有奴隸制、封建制式的權貴政權公開霸道、橫行社會，共產黨於是以「人民公僕」出現，躲過了人民的警惕，道貌岸然地成了披上羊皮的、更強凶霸道的狼，行兇人間。

由於暴力社會主義由「一人一黨」掌握，「一黨」歸「一人」，這個黨雖然掛著「共產」名義，卻成了一人黨，私家黨。這個黨的領袖橫行過頭，與黨發生「矛盾」，這個黨也就成了「領袖」剷除的目標。史達林的清黨、暗殺，毛澤東的文革、反右傾，把剷除全黨做為他的目標，使全黨順應他的邪理、惡意、歪權、暴行，就勢成必然。但歸根結柢，「領袖」終歸需要「黨」來維繫他建立在火山頂上的暴政，「領袖」與「黨」是「分」少「合」多，「黨」靠領袖壓迫掠奪民眾，作威作福，領袖藉黨強固其惡霸統治，黨始終緊隨領袖，合力壓迫與鎮壓民眾，利益一致，社會主義權貴政權牢不可破。

由於這是一個極其強大、「合理」的權貴政權，必然高度專制、集權；它非但是領袖的私家政權，而且也是這個權貴集團中任何一員的私家政權。因而共產黨一人當官，全家包括所有親屬都雞犬升天，飛黃騰達，利益均沾。毛澤東龍袍加身，江青就進了政治局，禍亂天下。一個基層鎮中共書記，就能把他的所有親戚安排到全鎮各「重要崗位」上，以便於他「高效領導」。溫家寶因為他的父母親屬都是教師，為顯示自己的萬能，他表示一定要在他任上為教師大幅加薪——薪酬與公安員持平。一夜之間，全國幾千萬教師包括退休教師工資一下翻番。工人月薪一千元，教師月薪數千元。而且溫家寶還指令各地政府派員把增發工資恭恭敬敬地呈送到每一位退休教師手中，這使溫家寶的親屬們對溫家寶充滿感激和敬佩，使溫家寶虛榮心獲得極大滿足，執政威信大幅增強。

溫家寶的這一「英明舉措」激化了本已十分激化的社會矛盾，物價飛漲，各大城市退休工人示威抗議，工人罷工。早已是人人不齒、虛情假意的「親民總理」溫家寶更成了人人仇視的「親親」、「欺民」的「瘟總理」和跛腳鴨子。為了對衝民眾對他的毒罵，手執無產階級專政兇器、監獄、毒刑的「瘟總理」在之後不久的記者會上高吟起古詩：「人或加訕，心無疵兮。」「亦余心之所善兮，雖九死其猶未悔。」他為家族利益給中國製造了極大的不公平不正義，居然還高喊：「公平正義比太陽還要有光輝！」他竟成了給中國帶來公平正義的光輝與毛澤東比肩而立的「太陽」。共產黨政權就是這樣的強凶霸道厚顏無恥的裙帶政權。權貴加裙帶，民眾身上又多壓著幾座大山。這個政權不斷以自己的劣跡惡行為自己加速挖掘著早已挖好了的墳墓。

九、貪污腐化性

「一人」依靠「一黨」進行統治，「一黨」服從「一人」。全國上下八面四方各級各路各層全歸黨統管，連「監督」黨的「紀檢」也由黨首監押，所有各層黨首，都歸上級黨首統率，全國歸一黨統率，一黨由「領袖」掌握，一人一黨將所有的專政兇器都用來對付民眾，嚴嚴實實地實施了「絕對獨裁」，這樣的黨，這樣的統治集團，這樣的社會制度，能不貪腐？

一人一黨掌控司法，只要送錢，壞人便會被放縱，不送錢，好人亦遭蒙冤；一人一黨掌控宣傳，輿論監督成為空話，欺騙和謊言成為官方語言；一人一黨掌控教育，出售學歷成為正當供給，知識大幅貶值，生產力被嚴重束縛……一人一黨掌控經濟，經濟便成了權力的「階下囚」，黨把黑手掏空企業，產值「虛漲」，經濟滑坡，失業隊伍擴大，貧困加劇；一人一黨掌控財政，偷盜國庫，開設小金庫，公款私占，成為常事；一人一黨掌控工程，虛抬工程造價，狠提回扣，國資洪水般流進官員腰包；一人一黨掌控採購，抬高採購物資價格，「利潤」私占，成為慣例；一人一黨掌控金融，貸款私分，大量貸款淪為壞帳，民眾儲蓄淪為個人私產，蘊蓄巨大的金融風險……保官必須送錢，升官必須送錢，誰送的錢多，頻率快，上級必給他補一個肥缺或快速提升，使他的「手筆」更大。共產黨統治集團把偷盜和掠奪所得逐級往上送，碩鼠們靠著層層保護傘，放肆地大貪特貪，貪賄呈普遍性、蔓延性、加劇性上升性趨向，GDP的一半成為灰色收入，不知流向。

共產黨也高揚「反腐」大旗，肅貪捉貪。其實共產黨是借「肅貪」清除異己。例如陳希同，在江澤民當總書記上任之初說了幾句看不起江的話，江記恨於心，借「肅貪」將陳希同清洗；鄭克傑在任全國人大副委員長期間竟與江澤民唱反調，被江借「肅貪」梟首；陳良宇係江澤民的上海幫，被胡錦濤借「肅貪」清洗出局。中共借「肅貪」將異已不斷清洗出黨，保持了中共的「純潔性」，不斷增強了中共的「執政能力」和「執政威性」，更進一步證實了共產黨具有「先進性」和「三個代表性」。習近平上台後的「反腐狂飆」更藉反腐整肅異已兼平民怨，一舉數得。

中共執政六十餘年，已織成了緊絲密縷鋼鑄鐵澆的貪賄網路，貪腐政權已成鐵板一塊。牽一髮動全身，傷一人帶全域，一旦發現哪個貪官出了事，「上面」便急令相關各部各級各層，對此人嚴加「保護」。於是全國總動員，一番「整頓」後，共產黨政權又清明廉潔，共產黨「執政水準」又一次大幅提高。中共官員向加速膨脹的暴富飛奔，民眾卻向貧困倒退，掙扎在死亡線上。

在幾千萬結群合夥的碩鼠們啃噬下，中共權力基座即將崩陷。

十、歪理邪道性

馬克思推翻民主資產階級政權、建立公有制的一人一黨專制獨裁的暴力社會主義政權理論，是徹底的歪理邪說，列寧和毛澤東卻把馬克思的邪說奉為「真理」，為自己奪取政權開路。馬克思認定社會主義只能在西方發達國家——資本主義國家，「同時實現」由無產階級——工人奪取政權；而列寧、毛澤東竟把社會主義的實現搬到了最落後蒙昧的東方農耕國度——沙俄和中國。馬克思閃耀真理，列寧、毛澤東也閃耀真理。

毛澤東極端仇視資本主義，罵資本主義是帝國主義，似乎資本主義由皇帝老子統治著，社會主義由人民當家作主，毛澤東則是人民的公僕。

一九五八年，一直預言資本主義就要滅亡的毛澤東異想天開，號令中國搞大躍進，把預言「一天一天爛下去」的「帝國主義」捧上了天，號召中國人民「三年超過英國，五年超過美國」，被他罵得糞土不如的帝國主義又成了他學習的榜樣，要以帝國主義為表率，趕超它們了，超過了英國和美國，中國就到了共產主義，他把共產主義與帝國主義畫了等號——他又閃耀「真理」。

煽動造反派整當權派，是為了真理；讓當權派毒打造反派，是為了真理。總之，只要揮舞無產階級專政的殺人兇器，共產黨領袖的所有歪理邪道和為非作歹都是光芒四射的真理。

同是暴力社會主義中國，毛澤東搞公有制——是真理——鄧小平搞私有制，也是真理。無產階級專政——不，人民民主專政——實在威力無窮，能「點石成金」，化糞土為真理，在它犀利屠斧的砍劈下，一切都迸射「真理」。

「改革開放」，經濟有了些發展，中國東部開始了工業化。工業化必然輔之以民主政治制度，加之世界民主潮流的湧動，一九八九年北京發起「六·四」學潮，學生和工人集結起來，要求共產黨下臺，實施西方的多黨政治。鄧小平兇相畢露，動用「保衛人民」的軍隊，用機槍和坦克實施了「六·四」屠城！

「六·四」血案，兇殘地屠殺了人民，犯下了駭人暴行，鄧小平卻說：他打擊了歹徒，保護了人民。

憑藉機槍和坦克，屠殺人民的暴行成了保護人民的「善舉」。鄧小平渾身迸射真理。

江澤民執政，把中共統治集團領向了貪腐頂峰，江澤民卻發明了「三個代表」：中國共產黨「代表中國先進生產的發展要求，代表中國先進文化的發展方向，代表中國最廣大人民的根本利益。」

中共說：「三個代表」是偉大的理論創新！江澤民閃射真理。胡錦濤上臺，「三個代表」唱了幾年，連中共自己都覺得實在唱不下去了，又換了新的自我吹捧：「共產黨員先進性」。胡錦濤也閃耀真理。

習近平的「大國崛起」、「中國夢」，閃耀的真理更是耀眼。

只有資本主義才實行市場經濟，社會主義只能是公有制，中共搞了完全的私有制，又不肯捨棄專制獨裁的社會主義政治制度，因而硬湊出一個「社會主義市場經濟體制」來蒙混過關，把馬、恩、列、斯、毛徹徹底底地打翻在了地──卻又說自己高舉馬列主義偉大旗幟。

「中國共產黨是中國工人階級的先鋒隊。」經中共十七大部分修改的《中國共產黨黨章》第一句說。共產黨必須是無產階級的先進分子──這是馬恩列斯毛定下的鐵的標準。

而如今的中共，竟大量動員和接收私企老闆──資本家入黨，還把支部建進私企，這不是明目張膽地把共產黨變成了資產階級政黨了嗎？資本主義的經濟基礎，資產階級的政黨，卻掛著社會主義和共產主義的招牌──十足的胡作非為，歪理邪道！

披著共產主義和人民政權的外衣，手執無產階級專政（或曰人民民主專政）兇器，怎麼胡搞胡說都「合理」、「合法」，光芒四射，閃耀真理。這就決定了暴力社會主義必然集蠻橫、兇暴、欺虐、貪婪、荒淫、無恥等一切邪惡特性於一身！

第四節　暴力社會主義制度的命運與結局

暴力社會主義是人類歷史上局部地區出現的最後一個專制制度。其制度的極端荒謬性與反動性決定了這種暴力制度只能是短命的，在人類歷史上只能是曇花一現，稍縱即逝，很快就會被民主的資本主義制度所代替。

暴力社會主義在人類歷史上出現與迅速滅亡，絕非偶然。一方面，它在人類歷史的特殊時期和世界版圖的特定地域，起到了極短暫的穩定社會作用，宇宙同時用暴力社會主義製造的怪誕醜劇、累累暴行與無盡慘禍，驚醒人類，使人類識破種種騙局，穿透野蠻愚昧，自覺地永沐自由、民主、平等、博愛與人權。

宇宙用暴力社會主義實施它的悲劇性和警示性規則，將人類向彼岸世界引渡。

第五章

中國暴力社會主義的生成

第五章　中國暴力社會主義的生成

在世界上，各種不同社會制度過渡的時間及其表現形態，因地而異。例如世界一些地區，至今仍處於原始社會狀態；當世界大多數地區處於農耕狀態，西方許多強國率先進入了民主的資本主義社會；今天，當世界大多數國家都已推行了三權分立的民主政治，東方仍有三個特殊的國度——中國、朝鮮和越南，還在實施著比封建制還要專制獨裁的暴力社會主義制度。因此，對中國暴力社會主義生成的研究，對於研究中國之命運，就成了必要。

第一節　中國暴力社會主義的生成

一、地理要素

一切人類現象及其在特定地區的不同發展流程，無不與特定的地理環境相聯繫著。不同的地區，因地理、地質、地形、地貌、太陽光照角度與海和水等的關係不同，會產生不同的植物和動物。「橘生淮南則為橘，生於淮北則為枳。」中國人的這句古語道出了地理產生不同生物的決定性規律。因地理不同，會產生不同的社會物。五大洲——這個宇宙為繁育人類設計的溫床，因預設的布局與質地不同，便誕生出了林林總總的人種、膚色、民族、民俗、國家、國性、民性、語言、文字、文化、社會制度等，它們的發展流程隨地域的不同各異，殊相紛呈。

自然地理是產生不同社會制度及其發展流程的決定要素。

與向原始社會、奴隸社會、封建社會進化一樣，世界向民主化的資本主義制度邁進過程中，各國同樣顯示出殊相。地理開放的國度最早進入民主化的資本主義社會，地理閉塞的國度至今仍滯留在專制的集權社會，尤其是一些嚴重封閉的國家，竟然陷進了極度專制殘虐的暴力社會主義制度中。

歐洲的一些城邦國家，因為各城邦形勢獨立，市民自由意識強烈，強大專制的王權很難在這些國家確立，例如中希臘亞提加半島上的雅典，在平民與貴族的長期鬥爭中，前六世紀就逐漸形成民主政治。

地理環境對政治制度的決定作用還表現在：在附近率先建立民主制度的國家的影響下，許多麇集在一起的小國互相競爭，都領先世界建立民主制度，實現了經濟騰飛。

打開地圖，我們可以看到，在大西洋、挪威海和地中海的包圍中，密集著一批國家：英國、愛爾蘭、荷蘭、盧森堡、法國、摩納哥、德國、奧地利、瑞士、列支敦士登、冰島、丹麥、挪威、瑞典、芬蘭、希臘、義大利、梵蒂岡、聖馬利諾、馬爾他、葡萄牙、安道爾等等。在英國帶領下，正是這群生存在世界一角的被海洋包圍的孤獨而集群的小國，互相影響、角逐、滲透、競爭，領先世界，各自先後建立民主政治，成為世界先進的政治和經濟強國。

世界東方的中國恰恰相反。它雖名曰神州卻不「神」，號領「九州」卻孤獨。它雖龐大，卻是一個地理上全封閉的國度。太平洋包圍了它的東南面；荒無人煙的內蒙古大草原和蒙古高原將它與北部世界作了隔離；它的西部是不毛之地的青藏高原、柴達木盆地和甘肅大戈壁；高聳綿長的喜馬拉雅山將它與西南部的印度諸國作了徹底的隔絕；雲貴高原又遮掩了它的南部國境。由於徹底的全封閉，延至近代，大清帝國的皇帝和臣民們，始終認為自己的國土是「天下之中」——中國、中原——自己的國家是「天朝上國」。

這個國家大部是平原，少量是山地和丘陵，其中點綴著無數美麗的河澤和湖泊，養育中國的長江黃河自西向東穿越中夏，注入大海。

這個大國絕少有海嘯、地震等天災的襲擾，具有極強的安全感與穩定性。「日出而作，日入而息」，中國的民眾只需要耕種好屬於自己的那塊土地，照顧好自己的那個小家庭，就能圖生。為了自己的那一點點賴以圖生的微少的物質，這個國家的子民普遍期望有一個強大的王權保護他們，於是崇尚權威、膜拜帝王、畏強凌弱、善於內鬥就成了這個國家的主流意識、國民精神、文化核心。強大的極度專制的王權便順理成章地攫住了這塊四通八達的國土，順乎自然地深入進了芸芸眾生的心底。這更加固了專制暴政。

中國於是成為了一潭死水，萬古不變。當西方世界早已走向了民主化，步進了工業化時代，做為四大發明策源地的中國卻依舊徘徊在落後的農耕社會，夜郎自大的中國民眾卻認為中國是世界上最強大的國家，他們是世界上最榮耀的人，人人都藐視洋人。

與中國相鄰的由四個大島和數千個小島組成的地理小國日本，無法從地理上集中起一統天下的強大的王權，因而從十二世紀開始，日本天皇的王政大權一直旁落在擁有兵權的幕府將軍手中。這個島國地震頻發，死亡之神隨時都會攫走他們中的每一個人，因而日本國民自古以來就具有無畏、無懼、隨時準備赴死的勇敢精神和獻身精神。狹小的生存環境、強大頻發的地震，培育了日本國民隨時都有向外侵略、開疆拓土、尋求廣闊生存環境的武士道精神和軍國主義霸道心理。懷擁海洋又使這個民族視野遼闊、胸懷開放、勇於冒險、不甘落後和追新獵奇。令人驚異的是，在戰後一無所有的廢墟上，日本僅用了二十多年時間，就實現了經濟的崛起，很快，它又快速趕超世界先進強國，成為了僅次於美國的世界第二大經濟體。戰後的日本實施了《和平憲法》：日本的主權在民，天皇只做為日本國的象徵存在。在《和平憲法》的護航下，明治維新打下的基礎——日本的軟實力，更有效地開始發揮作用。

是地理因素，造成了兩個相近的鄰國——中國和日本，展示出完全相反的進程與結局。地大物博的中國，至今改頭換面的獨裁王權——暴力社會主義——仍桎梏著毫無人生自由的中國民眾，一般民眾卻仍生活在貧富差距極端之中懸殊，國力增強不少，太平洋小國的日本，民富國強，政治民主，人民享有廣泛的民主、自由與人權，國勢如日中天。

二、儒學理論

中國出現暴力社會主義，與中國社會根深柢固的儒學基因密切相關。

儒學的要旨是「仁」、「德」、「善」，發散出「溫、良、恭、儉、讓」、「禮、義、廉、恥、信」、「忠、孝、節、義、誠」等支脈，全國上下，無論君、臣、民、奴，皆須循此道，遵此行，並以「禮」將全國所有人的言行舉止乃至思想作了確切規範。「仁」、「德」、「善」

無疑是好東西，誰不喜歡？於是儒學在中國就有了深厚的社會基礎，大行其道。

儒學提出「仁政」、「德政」說。「為政以德，譬如北辰，居其所而眾星拱之。」（《論語．為政》）「國君好仁，天下無敵焉。」「不仁而得國者有之矣。不仁而得天下，未之有也。」「民為貴，社稷次之，君為輕。」（《孟子．盡心下》）儒學的「仁政」、「德政」說，牢牢地攫住了中國民眾蒙昧的心，民眾莫不尊崇儒學。

儒學在放出「仁」、「德」、「善」、「仁政」、「德政」的迷魂陣後，又推出了「天命說」：「天子受命於天。」「惟此文王，小心翼翼。昭事上帝……」「昔三代明王，皆事天地之神明。」（《禮記．表記》）「天子者，與天地參，故德配天地，兼利萬物，與日月並明……」（《禮記．經解》）「天無二日，土無二王，家無二主，尊無二上。」（《禮記．坊記》）君權神授，既然皇帝是天子，「受命於天」，必「類乎上帝」，獨裁天下。由此必演繹出：「唯上智與下愚不移」；「民可使由之，不可使知之」；「刑不上大夫，禮不下庶人」。既然「天命」皇帝搞獨裁，必不能行「仁政」，獨裁者個個都是殺人魔王，在專制獨裁下，百姓豈能享受到「仁」、「德」、「善」、「仁政」、「德政」的待遇？因而儒學是蒙學，漢武帝自然要罷黜百家，獨尊儒術了。

儒學深入進了封建中國的上上下下、八面四方，成了穩固封建獨裁的粘合劑。中國封建專制的「萬世永昌」，無不與這蒙人騙人欺人吃人的儒學有關。並且直到世界文明的今天，中國仍實行比封建制更高度集權的暴力社會主義，其重要原因仍是中國的儒學基因。
對於儒學與中國命運的關係，我將闢出專章加以詳細剖析。

第二節　中國近代的被侵略史與中國的依舊沉睡

世界上國與國之間沒有絕對的平等。弱肉強食，優勝劣汰，這個自然界的生存規律，同樣適用於國家關係，「強權即政治」，世界就是這樣。

當歐洲各國在工業革命的浪潮中奔騰，這些西方正在迅猛發展中的強國早已看到：世界東方的那隻戇牛——中國，正自覺自願地用孔孟儒學將自己束縛著，用帝制將自己桎梏著，躺在專制的樊籠裡，做著井底之蛙的天朝上國昏夢。世界列強亟欲將這隻足夠大的笨傢伙分而食之。

列強大規模的侵華戰爭，集中在一八四〇年至一九〇〇年。它們先後發動了五次大規模的侵華戰爭：

鴉片戰爭（一八四〇年～一八四二年）。

第二次鴉片戰爭，先後延續五年，包括兩次大規模的侵華戰爭：第一次英法聯軍侵華戰爭（一八五六～一八五八年）和第二次英法聯軍侵華戰爭（一八六〇年）。

中法戰爭（在中國本土進行的戰爭，一八八四～一八八五年）。

中日甲午戰爭（一八九四～一八九五年）。

八國聯軍戰爭（一九〇〇～一九〇一年）和沙俄武裝占領東北（一九〇〇～一九〇四年）。

每一次戰爭之後，列強便強迫清政府簽訂不平等條約：

鴉片戰爭後，簽訂了中英《南京條約》（一八四二年八月二九日）和《虎門條約》（一八四三年一〇月八日）。兩個條約包含如下內容：一、強占香港；二、勒索賠款，包括鴉片費、商欠和軍費合計二一〇〇萬元；三、開放五口：廣州、廈門、福州、寧波、上海；四、協定關稅；五、治外法權問題。

中美《望廈條約》（一八四四年七月三日）。

中法《黃埔條約》（一八四四年十月二十四日）。

第二次鴉片戰爭，英法聯軍迫使清政府簽訂《天津條約》和《北京條約》。

沙皇俄國乘二次鴉片戰爭對中國東北邊疆進行大片領土的掠奪。

由於中國實在蒙昧、封閉、專制、保守與貧弱，連數千年以中國為師、並曾被列強侵占與中國同命運的東洋小國日本，也緊隨西方列強，對中國進行了窮凶極惡的侵伐。一八七九年，日本併吞琉球改為沖繩縣，以便以此為跳板攻伐中國。

英國企圖從緬甸侵入中國雲南邊境，迫使清政府於一八七六年九月十三日簽訂《煙臺條約》。

德國在一八八〇年三月八日與清政府簽訂中德《續修條約》。

在此期間，俄國對中國西部大片領土進行掠奪。一八六〇年中俄簽訂《北京條約》，強行規定了中俄西部邊界走向。一八六四年十月七日，俄強迫清政府簽訂了《中俄勘分西北界約記》，俄把中國境內的三個大湖：齋桑湖、巴爾喀什湖和伊塞克湖，連同周圍的廣大土地共計四十四萬多平方公里，全部割去。

一八八四年五月一一日，李鴻章與法國代表海軍司令福祿諾簽訂中法《簡明條約》即《李福簡約》，法向中國索取至少二億五千萬兩法郎的賠款。

一八八五年中國諒山大捷後，竟同法國簽訂《停戰條約》，內容很簡單，清政府明令批准實行一八八四年五月十一日簽訂的《李福簡約》。一八八五年六月九日，中法於天津簽訂《中法新約》。

中日甲午戰爭是列強對中國沿邊發動侵略的第二次高潮，是近代日本正式侵略中國的開始，也是列強圖謀瓜分中國的序幕。戰後，於一八九五年四月十七日，中日簽訂《馬關條約》，其主要內容有：一、朝鮮完全「自主」（歸日本統治）；二、割地：割讓奉天省南部（遼東半島）；割讓臺灣全島及附近島嶼；割讓澎湖列島；三、賠償日本軍費二億兩；四、開放長江中游湖北荊州府沙市、四川重慶府以及蘇州和杭州府；五、日商可任意在中國通商口岸城邑設廠投資。

《馬關條約》的簽訂標誌列強侵華階段的開始。此後，清政府與法國於一八九五年六月二十日訂立商約《中法續立商務專條附章》和界約《中法續立界務專條附章》，與俄國於一八九五年七月六日簽訂《四厘借款合同》，與英德兩國於一八九六年三月十一日簽訂《英德兩國借款草合同》，於一八九六年六月三日和一八九六年九月八日與俄國簽訂《蘆漢鐵路借款合同》，於一八九八年四月十四日與美國簽訂《奧漢鐵路借款合同》，於一八九七年二月四日與英國簽訂《續議緬甸條約附款》，於一八九八年三月六日與德國簽訂《膠奧租界條約》，於一八九八年三月二七日與俄國簽訂《旅大租地條約》等等。

中華帝國的閉關自閉、保守落後、積貧積弱、屢戰屢敗，使列強對其更加鄙視，它們決定聯合起來，一舉將它瓜分。一九〇〇～一九〇一年，八國聯軍（德、英、奧、美、法、意、日、俄）以鎮壓義和團為名，對中國發動了最後一次大規模的侵略戰爭。一九〇一年九月七日，清政府與八國（加西、比、荷）在北京簽訂《辛丑合約》。條約主要內容為下列三項：

一、嚴禁中國再發生大規模反侵略運動。

二、解除清政府保衛首都的國防力量；列強建立京、津武裝自行鎮壓中國人民的反抗。

三、榨取巨額賠款。賠款總額為四億五千萬海關兩，自一九〇二～一九四〇年止，分三十九年還清，本息達十億海關兩。

《辛丑合約》的簽訂，預告清政府已經成為「洋人的朝廷」，中國已毫無主權，完全淪為半封建半殖民地社會。

日本被美國侵略後不久，一天夜裡，兩個日本青年偷偷地爬上了美國黑船，用手比劃著告訴佩理將軍：他們想要隨船到美國去，看看美國究竟為什麼會強大？這樣做在當時的日本按律是要殺頭的。佩理非常佩服這兩個日本青年，他在日記中寫道：「這兩個日本人的求學精神令我感動……日本一定會變得和美國一樣強大。」

面對列強侵伐，中國的反應截然相反。中國依然鎖國、保守、蒙昧、專制。中國人不懂得中國之被侵伐的真正原因，更不懂得中國唯一的途徑就是使自己強大，才能改變被侵伐的局面。而要使自己強大，就要上下一心，棄舊圖新，按照列強模式，改革政治，發展工業，富國強民。

鴉片戰爭後，中國發生了太平天國運動。但太平天國不是雪恥圖強，改革中國封建制度，走西方新式道路的革命，儘管它提出了共產黨式的均分土地的口號，但根本上它完全是那種舊式的奪取王權、以一個王朝代替另一個王朝過時的農民造反，這種「革命」最終因內訌而失敗，也就不足為奇。

遭列強侵伐後，中國民眾依舊不知自由與民主為何物，不懂從自己的慘痛遭遇找出自己與列強的差距，團結齊心，改變封建制度，走民主強國之路，而依舊醉心於奪取王權的農民造反鬥爭，中國的繼續淪喪和亡國，就成了必然命運。

太平天國失敗後，中國仍泛動農民起義的餘波：太平軍餘部繼續鬥爭，太平軍賴文光部和撚軍張宗禹部的聯合作戰，貴州號軍和苗民起義，雲南回民起義，陝甘回民起義。這些起義目的只有一個：以暴易暴，奪取王權。即使僥倖能得成功，也是以一種王權代替一種王權，改變不了中國腐朽的封建專制，最終他們都被清政府鎮壓，以失敗告終。在列強入侵後，與日本相反，中國仍在為奪取王權而戰，足可見中國愚劣僵化的國性、民性。

之後便有持續達三十年之久的反教會鬥爭，凸顯中國民眾依舊不懂合眾改革政治，變法圖強，反敗取勝，振興中國的愚頑劣性。

義和團運動又一次暴露了中國民眾的保守、愚昧和無知。它的口號由「反清滅洋」改為「扶清滅洋」，最終仍是由民眾來保護專制王權。「滅洋」是對的，但要「滅洋」，必先「滅皇」、「強國」，政治「設新」，與日本一樣。你要「扶清」，「保皇」，必使中國倒退而致「弱國」，「弱國」如何「滅洋」？如此愚頑的民性，如此保守的農民起義，結果只能被清政府和洋人合夥加以屠滅。

「君權之輕重，與民智之深淺成正比例」。這樣永不開化的民智，如此崇尚王權的民族，必然只能使中國綿延不絕的王權長盛不衰。雖然此後資產階級維新運動的重要人物康有為、梁啟超、嚴復等力主變法，宣導「興民權」、「開民智」、「興議院」，但卻絲毫不能引動守舊保皇的中國愚民，促使大權在握的慈禧，和她的后黨頑固地反對維新變法。

維新運動終遭殘酷鎮壓而失敗。因而直至一九〇八年九月清政府頒布的《憲法大綱》，規定所有一切內政、外支、軍事甚至立法大權，都集中於皇帝一身，沒有任何機構能加以限制，至於臣民和百姓的義務，就是：納稅當兵。而這樣的一份大綱，按規定還得九年以後才能實行。沒有開放的民智和民主政治，中國能在工業化的道路上迅速騰飛、趕超列強嗎？皇權十分堅固地宣導儒學的封建中國，視工業機器為「形器之末」，「奇技淫巧」，一八七二年廣東南海愚民甚至視機器為敵，糾合數千人，搗毀機器。因而中國的近代工業，只能在外國資本、買辦資本和官僚資本的壓抑下艱難地成長。

貧弱的中國如一隻巨大麻木的病牛，遭受列強的分吃撕食。它從前的小學生——東洋小國日本，也兇悍地加入了撕吃它的行列。專制封建的中國，只能向著地獄的深層，沉淪。

第三節 孫中山的自由民主革命為何失敗

中國曾經爆發過資產階級革命——辛亥革命；產生出資產階級政黨——中國國民黨；建立過西方式的民主共和國——中華民國；產生出中華民國的首任總統——孫中山。

這次成功的資產階級革命為什麼會失敗，成功建立的民主政治為什麼很快被專制獨裁政治所替代，陷入長期的軍閥混戰，被小國日本大肆侵伐，最後竟遭致最專制獨裁的暴力社會主義制度荼毒？

近代中國遭列強瓜分侵伐，這是國恥。但歷史是無情的，它需強國用武力轟開千年閉關鎖國蒙昧之邦的黑色國門，才能使這個黑暗之國與文明相對接，融入世界。

中國被強國掠伐，列強在炫耀武力的同時，也輸入資本，炫耀它們的工業化實力，這也多少促使民族資本在這個極為凝滯的農耕國度得到極其緩慢的發展，而為資產階級革命的發生創造了經濟條件。

國門打開，使中國看到了世界，看到中國的落後，首先在於政治的落後。中國民主政治的先知們大呼中國「兩千年來之政，秦政也，皆大盜也」。「君為獨夫、民賊，而猶以忠事之，是輔桀也」。「生民之初，本無所謂君臣」，因需有人管理，「於是共舉一民為君」。「夫曰共舉之，則且必可共廢之」。中國，「唯變法可以救之」。（譚嗣同：《仁學》）連主張維新變法的康有為（一八五八～一九二七）也主張設新政。「中國大病，猶在壅塞」。他提議設類似資本主義國家的議會，「破除陋習，更新大政」。

堅決要求在中國進行資產階級革命，在中國建立一個資產階級共和國的先知，以鄒容（一八八五～一九〇五）為代表。他撰寫的《革命軍》，吹響了資產階級民主革命的號角。《革命軍》不僅揭露出清政府的腐敗，而且明白提出要進行像英、法、美那樣的資產階級革命，用資產階級民主國家代替滿清皇朝。他提出革命是社會發展的必然規律，是「天演之公理」，「世界之公理」，革命可以「去腐敗而存善良」，「由野蠻而進文明」，「除奴隸而為主人」。「他提出要『掃除數千年來種種專制之政體』，使『皇帝子孫皆華盛頓』。『豎獨立之旗，撞自由之鐘』。」他「在《革命軍》結語高呼：『中華共和國萬歲！中華共和國四萬萬同胞的自由萬歲！』」（鄒容《革命軍》）

資產階級民主革命的先知們對民主自由的訴求是那樣急切、強烈，但年輕的資產階級共和國的民主生命為什麼剛誕生就遭夭折？這不能不歸於中國的民智未開。

看一看吧，在中國的資產階級共和國——中華民國誕生後的七十八年，當又一批自由民主的先驅在暴力社會主義的中國掀起了爭取自由取消共產專制的拋頭顱灑熱血的「六四」學潮，生存在紅色暴政下的芸芸眾生——十億中國民眾卻對這場拯救他們於水火的學潮置若罔聞，依舊臉朝黃土背朝天，在田野辛苦勞作，或揮汗如雨，在工廠埋頭苦幹；當「六四」學潮被中共以屠城告終，十億民眾依舊不置一詞，視「六四」為異域發生的一則小事。二十世紀末的中國民眾倘且如此，二十世紀初的中國民眾的奴性愚昧程度就更不必說了。在一個民眾根本不思民主、自由、人權而寧願當奴隸的國家，就必然難以建立民主自由的國體。

「君權之輕重，與民智之深淺成正比例。」嚴復的話一語中的。

對中國的國情與民智，孫中山看得很清楚，因而他提出了民國建立後實現民主的三個程式：軍政時期、訓政時期、憲政時期。

軍政時期：主張在此時期施行軍法，實行軍事統治，既以兵力統一全國，又訓練人民接受三民主義。待一省之內秩序完全安定後，就可停止軍政，開始訓政時期。

訓政時期：主張在此時期施行約法，由政府派出經過訓練、考試合格的人員，到各縣籌備地方自治，並對人民進行運用民權和承擔義務的訓練。一省之內全部的縣已實行自治時，可結束訓政，開始憲政時期。

憲政時期：主張在此時期召開國民大會，制定憲法。憲法頒布後，即「還政於民」，舉行全國大選。民選政府成立，就是建國大功告成。

然而中國的民智比孫中山預料的還要糟許多，他們根本不理睬你的軍政、訓政和憲政，絲毫不懂得「還政於民」的好處。他們的皇奴基因太深，與帝制的因緣太親，他們心甘情願地受納皇權而憤慨地拋棄人權。因而中華民國剛建立，孫中山就被迫退位棄權辭職，袁世凱竊取了中華民國，恢復帝制，當了八十三天皇帝而死，嗣後又有張勳復辟，軍閥混戰，搞暴力壓迫的共產黨禍亂中國，在中國建立了暴力社會主義政權，中國的皇權專制，黑路漫長。

梁啟超、嚴復雖然是中國近代維新活動的保皇派，但他們對中國的國性與民智是看得很清楚的，因而看到了資產階級革命的後果。梁啟超主張在中國必須先開民智，然後才談得到講求民權。如果要求速成，「今日倡民權於中國，徒取亂耳」！

嚴復說：中國民主革命，「其時未至，其俗未成，其民不足以自治也」。「嗟乎，以今日民智未開之中國，而欲效泰西君民共主之美治，是大亂之道也」。（嚴復：《辟韓》、《中俄交誼論》）

辛亥革命的失敗，孫中山建立的中華民國民主政治的夭折，袁世凱、張勳復辟，軍閥混戰，日本侵占中國，共產黨禍亂中國幾十年，正應驗了梁、嚴二君的闡述。

列強轟開國門，用強力使極度蒙昧的中國緩慢地融入世界。孫中山的自由民主革命，儘管失敗，它卻是黑暗中國即將實現民主政治的先兆，它向世界宣示：自由女神已向地獄之邦的中國翩翩飛臨，專制中國已敲響了自由民主之鐘！自由民主的大幕，將在專制中國不可阻擋地拉開！然而，在大自由大民主真正來臨之前，中國還將向更黑暗的地獄沉淪。

第四節　暴力社會主義在中國暫時實現的必然性

歷史是耐人尋味的。它給一些人莫大的榮幸，卻給另一些人深重的苦難。它給一些民族和國家以榮幸，卻給另一些民族和國家以萬劫不復的苦難。

中國是被歷史冷遇的棄兒。

極度封閉的地理，為中國根深柢固的皇權製造了肥沃的土壤。廣袤、平坦、安定的疆域，造就著世代承傳的以崇帝拜皇為己任的中國奴隸。列強入侵，沒有使中國奴隸像開放的日本國民一樣，改革政治，推動上層引進先進科技，趕超列強；他們依然在皇權的桎梏裡心安理得地過著受虐的奴隸生涯。孫中山領導的自由民主革命，不能得到他們的認可與擁護，他們任讓孫中山的辛亥革命失敗，而任由袁世凱和張勳復辟，軍閥在他們的身上混戰。

但有一點他們似乎懂得了：這個世界已不能有舊式的封建王朝，中國也不該有從前的那種舊式封建皇帝了。但總該有一個新式的天子或一種新式的集權來「管理」他們，讓他們俯首聽命、規規矩矩地過習慣了的奴隸日子。

歐洲的馬克思給中國皇奴送來了轟轟烈烈的共產主義集權的福音！

北潮南湧，俄國的列寧發動了十月革命，建立了蘇俄社會主義，為中國豎立了榜樣。

建立一個一人一黨統率的財產人人均等的社會主義共和國，並且這個一人一黨的總目標是實現令人神往的共產主義，這正順應了毫無思辨能力亟需新式皇統沐浴的中國皇奴的心理需求，他們歡欣鼓舞，前呼後擁，跟著毛澤東共產黨打土豪分田地，憤恨地把孫中山締造、後來由蔣介石領導的國民黨趕出大陸，忠心擁戴毛澤東為暴力社會主義中國的「偉大領袖」。

當中國人民發現共產主義是一個騙局，社會主義是超級滿嘴謊言的專制王朝，一人一黨藉著共產主義招牌，更猖狂地壓迫、掠奪、屠殺他們時，中國已被毛澤東為強固獨裁大搞運動迫害致死了一億同胞，他們的生活水準還不如三十多年前的國民黨統治時期。國門打開，當他們看到世界已湧動著自由民主大潮時，他們仍被暴力社會主義的桎梏死死地鎖錮住，手持兇器的共產黨虎視眈眈地監押著他們，將他們關在堅不可摧的奴隸集中營裡，鄧小平悍然用「六四」屠城把要求自由的大學生用坦克、機槍屠滅在天安門廣場！

今天，中國暴力社會主義為適應形勢，「與時俱進」，把自己變成了「中國特色」，更名正言順地統治、欺騙、掠奪、殘虐手無寸鐵的中國民眾！中國被帝制束縛著，依舊向地獄的深層沉淪。但這已是最後一次沉淪，是向自由天堂騰飛前的沉淪，宏大的自由曙光已湧動於黑暗的東方。

第六章

共產主義運動領袖批判

第六章　共產主義運動領袖批判

人類常常行進在謬誤的長河中。絕對真理掌握在與現實世界隔闋著無法逾越鴻溝的彼岸世界手中。歷史常常為社會製造倒退，這些倒退讓人類看上去彷彿是合理的前進，是絕對的真理，但這種倒退卻實在是歷史前進中的倒退，是社會向上突破和朝前飛躍的一種必要的倒退，這種倒退在人類的視覺中形成一種合乎情理順乎時勢的假象，成為不可阻擋的「潮流」。最終，人們會發現這個潮流原來是反潮流，是一個悲劇，一場人禍。覺醒就是一個成功，歷史用悲劇摧毀愚昧，讓人類實現超越。歷史玩弄人是為了人類永不被玩弄，謬論與真理的被倒置，是為了真理永不被倒置。

歷史的設計極其完美、精巧，它常常為即將出現的潮流與反潮流埋下伏筆，唱起先聲，拉開序幕，發起總攻。馬克思、恩格斯原本是為自己在歐洲奪權施暴施放的煙幕，卻被列寧、毛澤東和一些政治騙子搬去，在東方實現了暴力社會主義，他倆「壯志未酬」，含恨死去，但他倆竟被後來的共運領袖奉為科學共產主義的創始人，用作砸開暴力社會主義地獄的敲門磚，他們的那些「光芒萬丈」的胡說八道，被後來的共運領袖們尊為暴力社會主義的聖訓，教訓民眾，桎梏自由，扼殺良知。

第一節　馬克思恩格斯批判

一、馬、恩預言的正確度

「共產主義革命能不能單獨在某個國家發生呢？答：不能。」共產主義革命是「聯合的行動，至少是各文明國家的聯合行動……」「因此，共產主義革命將不僅是一個國家的革命，而將在一切文明國家裡，同時發生。（《馬恩選集》卷一，二一〇、二一一、二五七頁）

但，終究，「它是世界性的革命，所以將有世界性的活動場所」。「因此，如果現在英國或法國的工人在解放自己，這必然會引起其他一些國家的革命，並遲早會使這些國家的工人也獲得解放。」（《馬恩選集》卷一，二〇四、二一一頁）

所以，社會主義革命會同時——不，差不多時間——在全世界發達國家——實現，同時勝利。

馬、恩在《共產黨宣言》中向全世界高喊：

「無產者在這個革命中失去的只是鎖鏈。他們獲得的將是整個世界！」

當兩位共產黨聖祖發出上述偉大的預言後，全世界的人都睜眼看著強大的西方，看共產主義的蜃樓會不會奇蹟般地在那裡同時變成現實。沒有。

英國君主立憲制的資產階級民主政權得到了全英倫三島民眾的竭誠擁護，它成了輸出資產階級民主制度的「日不落帝國」。美國總統制的資產階級民主政權愈來愈健全、穩固，成為了世界頭號經濟強國。

一八七一年三月二十八日曾出現過巴黎公社，但很快就滅亡了。馬、恩看到了亮光，拍手說：「無論公社在巴黎的命運怎樣，它必然將遍於全世界。」可此後法國始終沒有發生無產者革命，法國最終成為了資本主義制度的強國。與此同時，歐洲各資本主義強國都先後牢固地確立了民主的資本主義制度。

給馬、恩更沉重一擊的是，歐洲資本主義強國非但一個都沒有實現社會主義，社會主義卻在沒有「資本」、「剩餘價值」和「生產過剩」的東方一群最貧窮的國家「奇蹟」般冒了出來。其中大多數「社會主義國家」是被蘇聯藉二戰的勝利用武力克隆出來的。

「英國最快最容易」——英國非但沒見到社會主義的影子，而且引領了世界的資本主義潮流。「德國實現共產主義革命最慢最困難」——東德卻成了社會主義——但很快，東德社會主義隨著東歐劇變崩潰，緊接著蘇聯解體，大多數社會主義國家頃刻土崩瓦解，變成了資本主義制度。事實證實了馬、恩——兩位共產主義運動聖祖——揭示的「真理」——人類社會的最後一種制度只能是社會主義和共產主義——完全是夢囈和胡說！

二、製造敵對階級，煽動人群對立

馬、恩奪權有一套特殊辦法：把本來互相依存和睦相處的人群人為地劃分成兩個「階級」，煽動兩個「階級」處於敵對狀態，然後拉攏大多數，打倒一小撮，再乘勢而上，奪取政權。

「到目前為止的一切社會的歷史都是階級鬥爭的歷史」——馬、恩在《共產黨宣言》頭一句就宣稱。

到目前為止——人類社會的發展已經經歷了四個不同階段的社會：原始社會、奴隸社會、封建社會、資本主義社會。

「一切社會」，原始社會自然包含其中。原始社會人人平等，確實沒有「階級」——馬、恩的「聖論」出了疏漏——雖然後來他們在別的聖文中作了補救：除原始社會外的一切社會都存在階級鬥爭——但顯然已出了紕漏，使脫口就閃耀真理的共產黨「聖祖」顯出了不聖。

馬、恩是主張推翻資本主義的，兩位聖祖說的一切社會的歷史都是階級鬥爭的歷史，自然直指資本主義。

「我們的時代，資產階級時代，卻有一個特點：它使階級對立簡單化了，整個社會日益分裂為兩大敵對的陣營，分裂為兩大相互直接對立的階級：資產階級和無產階級。」（《馬恩選集》卷一，二四〇頁）

馬、恩對資本主義社會的階級作了具體分析：

一、大資本家階級，現在他們在所有文明國家裡幾乎是一切生活資料以及生產這些資料所必需的原料和工具（機器、工廠）的獨占者。這就是資產者階級或資產階級。

二、完全沒有財產的階級，他們為了換得維持生存所必需的生活資料，只得把自己的勞動出賣給資產者。這一階級叫做無產者階級或無產階級。（《馬恩選集》卷一，二〇一頁）

無論是奴隸社會、封建社會，還是資本主義社會，財產和生活、生產資料都必須私有，也只能私有。鼓吹公有，不過是「煽動賭徒、大盜、小偷、乞丐、流氓之具」，行使暴力，「荼毒一方」（梁啟超：《開明專制論》）。暴力社會主義實驗充分證實：公有制製造了一個壓迫民眾、荼毒一方的共產黨貪腐強暴集團。馬、恩攻擊私有，鼓吹公有，目的無非是煽動人，砸毀資產階級政權，讓他們荼毒世界。

馬、恩對無產者的「同情」，實在是太多太多了：

無產者不如奴隸

「奴隸一次就被完全賣掉了，無產者必須一天一天、一小時一小時地出賣自己。每個奴隸是特定的主人的財產，由於他們與主人的利害攸關，他們的生活不管怎樣壞，總還是有保障的。而一個無產者可以說是整個資產階級的財產，他們的勞動只有在有人需要的時候才能賣

掉，因而他們的生活是沒有保障的……奴隸能夠比無產者生活得好些……」（《馬恩選集》卷一，二四〇頁）

無產者不如農奴

「農奴擁有並使用生產工具和一塊土地。為此，他要交出自己的一部分收入或者服一定的勞役。無產者是用別人的生產工具做工，他們就是為這個別人生產，從而換得一部分收益。農奴是交出東西，無產者是得到報酬。農奴生活有保障，無產者生活無保障。農奴處在競爭之外，無產者處在競爭之中……農奴可以通過不同的辦法加入有產階級的隊伍進入競爭領域得到解放，無產者卻不能。」（《馬恩選集》卷一，二〇三頁）

無產者不如手工者

「十六至十八世紀，幾乎任何地方的手工工廠工人都占有生產工具，如：織布機、家庭用的紡車和一小塊在工餘時間耕種的土地。這一切無產者沒有。」（《馬恩選集》卷一，二〇三、二〇四頁）

而資產者呢？

「產業革命是由蒸汽機、各種紡紗機、機器在織布機和一系列其他機械裝備的發明而引起的。這些價錢很貴、只有大資本家才買得起的機器，改變了以前的整個生產方式，擠掉了原來的工人。這是因為機器製造出來的商品要比工人用不完善的紡車和織布機製造出來的既好又便宜。這樣一來，這些機器就使全部工業落到大資本家手裡，並且使工人僅有的那一點薄產（工具、織布機等）變得一錢不值；資本家很快就侵占了一切，而工人卻一無所有了。」（《馬恩選集》卷一，二〇一頁）

馬、恩對資產者充滿仇恨。人為地把和睦和協作相處的人群分成兩個階級，製造了民眾對立和相互仇恨後，馬、恩還準備搞一些其他宣傳，便可以煽動無產者，「聯合起來！」「剝奪剝奪者！」打倒資產階級，推翻資產階級政權，讓他們來「掌握」世界了。

三、咒罵資本主義制度

「在法國，資產階級以奴婢的身分出現，並實行了自己的反革命。而在德國，資產階級則以奴婢的身分出現，並為自己暴君的利益而實行反革命。在法國，資產階級為了不讓人民勝利而自己甘願受人擺布。歷史上沒有比德國資產階級更可恥更下賤的角色了……」（《馬恩選集》卷一，三〇〇頁）

制度。

馬、恩——這兩個資產階級的天敵，在把資產階級罵得狗血噴頭的同時，咒罵著資本主義

——這個大工業在資產階級中造成了這樣一個階級，它享有全部工具和生活資料的壟斷權……在這個階級的領導下，社會就像司機拉開緊閉的安全閥的一輛機車一樣，迅速奔向毀滅。（《馬恩選集》卷二，二六九頁）

——資本主義……犯罪的次數一年比一年增加……以前只是暗中偷著幹的資產階級罪惡卻更加猖獗了……總之，和啟蒙學者的華美約言比起來，由「理性的勝利」建立起來的社會制度和政治制度是一幅令人極度失望的諷刺畫。（《馬恩選集》卷三，三六三、三六四頁）

——在一極是財富的積累，同時在另一極，即在把自己的產品作為資本來生產的階級方面，是貧困、勞動折磨、受奴役、無知、粗野和道德墮落的積累。（《馬恩選集》卷三，四八一頁）

——生產資料的集中和勞動的社會化，達到了同他們的資本主義外殼不能相容的地步。這個外殼就要炸毀了。資本主義私有制的喪鐘就要響了。剝奪者就要被剝奪了。（《馬恩選集》卷二，三六九頁）

馬、恩雖然是偏執狂、妄想狂，但他們清楚，他們那時，資本主義正在起步階段，工人收入有限，生活還都貧困，人是很容易被現實迷惑的，只要你編造理由極響亮地罵，即使你是

歪理邪道，人們也會被迷惑。然而明眼人知道：這兩個狂人如此喪心病狂地往資本主義臉上抹黑，目的只有一個，煽動工人起來，把資本主義制度推倒，讓他們來統治世界。

四、《共產黨宣言》批判

《共產黨宣言》綜合了馬、恩「思想」的主題，突顯了馬、恩暴力奪取世界的目的，我們有必要把馬、恩的目的拎出來作綜合的批判，才能達到徹底批判馬、恩的目的。

集中攻擊資本主義制度、劃分階級、製造人群對立、宣揚資本主義必須滅亡，鼓動工人奪權。

——「資產階級」在現代的代議制國家裡奪得了獨占的政治統治。現代的國家政權不過是管理整個資產階級共同事務的委員會罷了。

——社會瘟疫，即生產過剩的瘟疫。社會突然發現自己回到了一時的野蠻狀態；彷佛是一次饑荒、一場普遍的毀滅性的戰爭，吞噬了社會的全部生產資料；彷佛是工業和商業全被毀滅了……就使整個資產階級社會陷入混亂……

——擠在工廠裡的工人群眾就像士兵一樣被組織起來。他們是產業軍的普通士兵，受著各級軍士和軍官的層層監視。他們不僅是資產階級的、資產階級國家的奴隸，並且每日每時受機器、受監工、首先是受各個廠主資本者本人的奴役。這種專制制度愈是公開地把發財致富宣布為自己的最終目的，它就愈是可鄙、可恨和可惡。

——生產力過度發展。商業危機。剩餘價值。生產過剩。連城市化、全球化和自由貿易都被罵進去了。

資本主義社會造成了更嚴重更殘酷的階級對立：

——在過去的各個歷史時代，我們幾乎到處可以看到社會完全劃分為各個不同的階級……現代資產階級社會並沒有消滅階級對立。它只是用新的階級、新的壓迫條件、新的鬥爭形式代替了舊的。

——我們的時代，資產階級時代，卻有一個特點：它使階級對立簡單化了。整個社會日益分裂為兩大對立的陣營，分裂為兩大相互直接對立的階級：資產階級和無產階級。

——到目前為止的一切社會都是建立在壓迫階級和被壓迫階級的對立之上的。

馬、恩煽動：

「由此可以明顯地看出，資產階級再不能做社會的統治階級了，不能再把自己階級的生存條件當作支配一切的規律強加於社會了。資產階級不能統治下去了，因為它甚至不能保證自己的奴隸維持奴隸生活，因為它不得不讓自己的奴隸落到不能養活它反而要它來養活的地步。社會再不能在它統治下生活下去了，就是說，它的存在不再同社會相容了。」

馬、恩號召：

——無產者只有消滅自己現存的占有方式，從而消滅全部現存的占有方式，才能取得社會生產力。無產者沒有什麼自己的東西加以保護，他們必須摧毀至今保護和保障私有財產的一切。

——過去的一切運動都是少數人的或者為少數人謀利益的運動。無產階級的運動是絕大多數人的、為絕大多數人謀利益的獨立運動。無產階級，現代社會的最下層，如果不炸毀構成官方社會的整個上層，就不能抬起頭來，挺起胸來。

——每一個國家的無產階級當然首先應該打倒本國的資產階級。

馬克思、恩格斯野心畢露

把打倒資本主義的理由造足了，把為他們奪取政權的炮灰——無產階級騙夠了，馬、恩當然不能赤裸裸地提出由他們來當造反首領，必須誘使無產者堂而皇之地抬出一座神器，讓他們坐上。

馬、恩在《共產黨宣言》裡提出了共產黨。

「在各國無產者的鬥爭中，共產黨人強調和堅持整個無產階級的共同利益；另一方面，在無產階級和資產階級的鬥爭所經歷的各個發展階段，共產黨人始終代表整個運動的利益。」

「在實踐方面，共產黨人是各國工人政黨中最堅決的，始終推動運動前進的部分；在理論方面，他們比其餘的無產階級群眾優越的地方在於瞭解無產階級運動的條件、進程和一般結果。」

也就是說，共產黨是領導無產階級「推翻資產階級的統治，由無產階級奪限政權」的領導力量——核心的領導力量。

這個核心的領導力量的核心——首領——不，領袖——理所當然由創造龐大的共產主義理論、指明科學共產主義方向的馬克思、恩格斯來擔當。

奪取了政權，當然由馬克思、恩格斯當皇帝。

但馬克思、恩格斯野心極大，他們並不像有史以來的所有統治者一樣，當上一國統治者就已滿足了，他們要擁有全球，當世界皇帝——無產階級革命是世界性的革命，至少首先在世界最發達的文明國家同時實現共產主義。

「共產黨人不屑於隱滿自己的觀點和意圖。他們公開宣布：他們的目的只有用暴力推翻全部現存的社會制度才能達到……他們獲得的將是整個世界——」（《共產黨宣言》）

一山不容二虎。按照共產黨的盜寇本性，絕不能讓兩人同時當世界社會主義的皇帝。奪取了政權，馬克思這匹猛獅，必然同恩格斯這頭悍牛進行殘殺，爭奪皇位。但不管它，那是以後的事。兩人先合夥，謀劃奪下政權再說。奪取了世界政權，各統領一眾人馬，打世界大戰，爭奪皇位。對於好鬥的他倆來說，打仗也是一件快事嘛！在大戰中顯示他倆指揮者的才幹，更加榮耀。打得血泛成海，屍橫全球，各人割據一方，當半個球皇，也好嘛。目前兩人必須合夥幹。

一句話，《共產黨宣言》是專制獨裁向自由民主大潮的最後反撲。是窮途未盡的專制勢力被迫披上公有制和共產主義的外衣企圖重新壓迫民眾的咆哮。是奴隸制封建制暴政的回光返照。是妖孽用血色的煙幕掩護豺狼向羊群發起的攻擊。是黑夜消亡時黎明前黑暗中的狼嚎……

《共產黨宣言》是反人類反潮流的暴政暴行將徹底滅亡前的叫囂。

五、馬、恩的哲學、剩餘價值和生產過剩論

我在第一章裡就已批判了馬、恩的偽哲學、非哲學、形而上學的所謂「辯證唯物主義論」，及其「哲學」的荒謬性與反動性，並已批判了馬、恩對資本主義剩餘價值和生產過剩的攻擊，而剩餘價值——利潤——恰恰是拉動資本主義經濟競爭和資本主義經濟發展的「把手」，生產過剩恰恰是資本主義生產力快速發展必然產生的「間隙」。

馬、恩把自己打扮成「類乎上帝」、唯一能精準地指示自然與社會規律的哲學家，和他倆炮製的所有輿論，目的只有一個：欺騙煽動民眾，為他們推翻民主的資本主義制度，讓他們掌握政權，行兇世界，稱霸全球！

因而獲得千古罵名，是他們唯一的結局。

六、恩格斯的「懺悔」

資本主義不可阻擋的發展及其存在的合理性與順潮流性，和無可辯駁的優越性，用事實粉碎了馬、恩胡謅的共產主義謬論。恩格斯臨死前不得不承認：「歷史表明，我們也曾錯了。我們當時所搞的只是一個幻想。」（《馬恩全集》卷二二，二九五頁。人民出版社一九七二年第一版）

但恩格斯絕不肯輕易認錯的，他在「認錯」前，早已開始把自己的社會主義謬論與資本主義真理作「混和」：

「資本主義是構成社會主義的出發點和基礎。那些消滅舊東西的說法是荒謬的，只能意味消滅新東西的基礎。」「在生產資料公有化的基礎上，重新建立私有制。社會主義不是讓資產階級變成無產者，而是使無產者變成有產者，這種新的私有制是社會化前提下的共同私有。」（恩格斯：《法蘭克福宣言》）「可以設想，在人民代議機關把一切權力集中在自己手裡，只要取得大多數人民的支持（還有工會！）就能夠在按憲法辦事的國家裡，舊社會可能和平地長入新社會，比如在法國和美國那樣的民主共和國，在英國那樣的君主國。」（恩格斯：《法

蘭西階級鬥爭導言》）

法國、美國和英國，會「和平長入新社會」——他的社會主義社會嗎？胡說！

恩格斯又在自己創設的社會主義前面加了「民主」兩字——民主社會主義。人們把民主資本主義稱為民主社會主義，這樣，恩格斯就把他在西方不能實現的暴力社會主義同資本主義混在了一起，兩個都是社會主義，他幾乎又是資本主義的保護神了。只要不是站在華盛頓、英國的「光榮革命」、法國大革命和自由、民主、人權的立場上看待自己的從前，看待今天這個世界，馬、恩就不能走出謬誤。如果還用「無產者」、「資產者」、「公有」、「私有」、「和平長入」、「社會主義」等等概念為自己遮蓋，就仍是在謬誤的原地與人捉迷藏、設騙局，誘使人們進入他的暴力社會主義圈套。事實上恩格斯的後期直到他臨終前，他仍始終站在他的反動立場上，抨擊資本主義。

一八七五年四月，恩格斯在〈對德國工人黨綱領的幾點意見〉中說：「在資本主義社會和共產主義社會之間，有一個從前者變為後者的革命轉變時期。同這個時期適應的也有一個政治上的過渡時期，這個時期的國家只能是無產階級的革命專政。」（《馬恩選集》卷三，九九頁）

一八七五年三月，恩格斯在給倍倍爾的信中說：「無產階級……之所以要國家，並不是為了自由，而是為了鎮壓自己的敵人……」（《馬恩選集》卷三，一〇八頁）

一八八四年二月，恩格斯在《馬克思和萊茵報》中說：「教育工人盡可能明確地意識到資產階級的對立，以便德國工人能夠立即利用資產階級統治所必然帶來社會的和政治的條件做為反對資產階級的武器，以便在推翻德國反動階級之後立即開始對反對資產階級本身的鬥爭。」（《馬恩選集》卷四，一六六頁）

一八八六年，恩格斯在《路德維希・費爾巴哈和德國古典哲學的終結》中說：「隨著一八四八年革命的爆發，有教養的資產階級和現代國家同工人階級處於公開敵對地位的時代。」（《馬恩選集》卷四，二三七頁）

一八八七年，恩格斯在《美國工人報》中說：「（美國）工人群眾……由於一種純粹美國人的本能使他們迅速地採取解放自己的下一步驟——組織具有自己的綱領並以奪取國會大廈和白宮為目標的工人政黨。」「（美國無產階級）綱領將宣布，最終目的是工人階級奪取政權以實現整個社會對一切生產資料——土地、鐵路、礦山、機器等等——的直接占有……」（《馬恩選集》卷四，二四〇、二四一頁）

一八九二年，恩格斯在《英國工人階級狀況》一八九二年德文第二版〈序言〉中說：「工人階級就應當單獨地準備和實現社會革命……向工人鼓吹一種凌駕於一切階級對立和階級鬥爭之上的社會主義，這些人如果不是還需要多多學習的新手，就是工人最兇惡的敵人，披著羊皮的狼。」「正因為如此，社會主義將重新在英國出現。」（《馬恩選集》卷四，二五六、二六三頁）

一八九四年，恩格斯在《恩格斯致菲・屠拉梯》的信中說：「自從一八四八年以來，為社會主義帶來極大成就的策略就是《共產黨宣言》的策略。」

《共產黨宣言》創始人之一、首創暴力奪取資產階級政權的恩格斯，能作出真誠的懺悔嗎？不，他的「懺悔」僅是迫於大勢偶然發出的哀歎而已。一些善良人根據恩格斯的幾句「認錯」和「懺悔」，而斷言馬、恩僅僅是搞學問的學者，而非列、毛之輩。列、毛得逞了，他們揮舞無產階級專政暴力大搞壓迫，馬、恩一旦得逞，這兩位為列、毛創造科學社會主義理論的共運聖祖，屠殺起民眾來絕不會比列、毛遜色。他倆僅僅是「學者」嗎？

做為「無產階級革命家」的恩格斯，他在一八七四年就敏銳地預感到了俄國的「社會主義革命」：

「俄國革命正在日益迫近……它使新階級占據統治地位並且讓它有可能按照自己的面貌來改造社會。」「如果有什麼東西還能挽救俄國的公社所有制，使它有可能變成確實富有生命力的形式，那麼這正是西歐的無產階級革命。」「俄國無疑是處在革命的前夜……農民將把它繼續擴展開來……」（恩格斯《流亡者文獻》）

正是馬、恩的謬論邪說，為列寧和毛澤東在本國搞農民造反推翻好政權建立惡政權找到了藉口，煽動起世界東方建立起了一個以屠人害人虐人為業的暴力社會主義陣營。在自由民主潮流浩蕩世界的今天，我們更有理由對做為「學者」和「無產階級革命導師」的馬、恩的謬論作徹底的批判。

第二節　列寧史達林批判

蘇東解體，已宣告了列寧式的暴力社會主義實驗的徹底失敗，驗證了馬、恩、列共產主義理論的極端荒謬和反動。但我們仍須把列寧和史達林同馬、恩掛鉤，作簡略批判，以警示後世。

一、列寧式荒謬的暴力社會主義

全世界所有的共產黨式的暴力社會主義領袖都共同高舉馬克思的旗號，做為自己的理論武庫，實現目的。列寧首當其衝。

「我們完全站在馬克思理論的基礎上，因為它第一次把社會主義從空想變成科學，給這個科學奠定了鞏固的基礎，規劃了繼續發展和詳細研究這個科學所應遵循的道路。」（《列寧選集》卷一，二〇二頁）

馬克思永遠不會實現的社會主義在資本主義國家同時實現的空想，在列寧嘴裡居然成了「科學」——列寧就是需要用馬克思的空想，拉大旗作虎皮，做自己造反奪權的「科學依據」。

我們就將錯就錯，用馬克思的「科學」來論證列寧式的「革命」。

那麼，社會主義革命前的沙俄是怎樣的一個社會呢？

「雖然俄國資本主義在農奴制廢除後有很迅速的發展，但俄國經濟發展的程度還是要比其他資本主義國家落後得多。絕大多數居民還是從事農業。列寧在其有名的著作《俄國資本主義的發展》一書中，引用了一八九七年全國人口調查冊中的重要數字，指明當時經營農業的人口約占全人口的六分之五，而從事於大小工業、商業、鐵路和水運業、建築業、木材業等等的人口，卻只占全人口的六分之一左右。

由此可見，俄國雖有資本主義的發展，但它還是個農業國家，經濟落後的國家，小資產階級的國家，即以小私有的、生產率低微的個體農民經濟占主要地位的國家。」

這是原聯共中央特設委員會編寫的《蘇聯共產黨歷史簡明教程》，它的說明最具權威性、說服力。列寧在十月革命勝利前夕的一九一七年四月十日在〈無產階級在我國革命中的任務〉一文中明確指出俄國是「一個小農國家」。

農業國沒有資格搞社會主義革命——馬克思規定。

列寧必須把農業國的沙俄「點化」成資本主義的沙俄，才能順應馬克思的無產階級革命論。於是列寧在一九〇四年說：「甚至從前否認俄國有資本主義發展的基礎的人也承認我國已走上資本主義發展道路。」列寧在一九〇五年又強調：「現在俄國資本主義的發展程度遠遠超過了一八四八年的德國，更不要說一七八九年的法國了。」（《列寧選集》卷一，七四、六五七頁）

農業國的沙俄就是這樣在列寧的口中變成了資本主義國家，而且是資本主義強國——超過了德國和法國！

然而沙俄是農業國，畢竟是鐵的事實。列寧必須點石成金，讓農業國的沙俄經歷「資產階級革命」，過渡到資本主義，才能「名正言順」地搞社會主義革命。於是一九〇五年四月在倫敦召開的俄國社會民主黨（蘇共前身）第三次代表大會認為「目前發生的革命（按：指在俄國）是資產階級性的革命」，「它在目前不能超出資本主義容許的範圍」。（《聯共教程》，人民出版社，一九五四年四月第八版八二頁）

在黨的決議上把農業國的沙俄定性為已經歷了資產階級革命，沙俄就成了「資本主義國家」，為列寧義不容辭地發動社會主義革命找到了馬克思式的「科學依據」。

「列寧力主爭取資產階級革命勝利和成立民主共和國制度時，並沒想要停留在民主階段上，並沒想把革命運動的發展規模局限於完成資產階級民主任務的範圍內。恰巧相反，列寧認為民主任務一完成，無產階級及其他被剝削群眾爭取社會主義革命的鬥爭馬上就會開始。列寧知道這點，所以他認為社會民主黨必須極力設法使資產階級民主革命開始轉變為社會主義革命。列寧所以需要工農專政，並不是要在革命戰勝沙皇制度以後便把革命結束，而是要儘量延長革命狀態，徹底消滅反革命殘餘，把革命火焰燒到歐洲去……」（《聯共教程》），九四頁）

列寧在東方農業國的沙俄進行了社會主義革命，並且先在口頭上把沙皇政權農業國的沙俄變成了「資本主義國家」。聖祖馬克思是要把歐洲的社會主義革命燃燒到東方去，列寧竟要把俄國農民造反的火焰燃燒到資本主義的歐洲去。若馬、恩在世，雙方必發生論戰。

只要是為了實現皇帝夢，不擇手段地藉社會主義革命作旗號奪取政權，什麼輿論都可以造出來作騙局，迷惑民眾。

但還有紕漏。

馬克思說社會主義必定首先會在西方資本主義強國同時實現。這是「鐵律」，是絕對真理。列寧在東方單獨一個農業國實現了社會主義革命，事實畢竟證明了列寧在對抗聖祖馬克思。但共產黨領袖是厚顏無恥的，反正馬、恩已死了，列寧握有利劍——武裝，說什麼都是絕對真理：「資本主義的發展在各個國家是極不平衡的。社會主義不能在所有國家內同時獲得勝利。它將首先在一個或幾個國家中獲得勝利，而其餘的國家在一段時期內將仍然是資產階級的或者資產階級以前時期的國家。」（《列寧選集》卷二，八七三頁）

握有利劍的「星期五」——列寧，對抗了馬克思的「科學」，卻與馬克思站到了同一戰線上，成了——發展了馬克思主義的——列寧主義，構成了互相矛盾的馬克思列寧主義——共產黨胡說八道主義！

列寧就是用這樣的胡搞，把馬克思的空想，變成了他的「科學」。

二、製造人群對立，煽動階級鬥爭，推翻沙皇

列寧想當蘇俄新沙皇，使用的是馬克思的「祖傳秘方」：製造人群對立，煽動階級鬥爭，鼓動推翻沙皇。

馬克思把西方工業強國的人群劃分為無產階級和資產階級，列寧把農業社會的沙俄劃出兩類同一個「受壓迫的階級」：工人、農民。而壓迫階級則是資本家和地主。但馬克思向來不看好農民，從不把農民做為革命力量，甚至把農民稱為是「沒落的」、「反動的勢力」。他搞的社會主義革命地盤是西方工業強國，西方工業強國的革命力量是工人——無產階級，「全世界無產者聯合起來！」但共產黨有辦法把農民變成無產階級。列寧於是把農民稱為農村無產者，農民也就成了無產階級，與工人同質。列寧又把地主做為農村資產者，地主就變成了資產階級，與資本家同質。於是，農業國的沙俄也就有了與工業強國一樣對立的兩大階級：無產階級和資產階級。這樣，革命的列寧就有了純真的馬克思血統，他可以名正言順地高舉馬克思科學共產主義的大旗，在農業國的沙俄堂而皇之地幹社會主義革命了。

人群被人為地分裂了，列寧便要煽起被壓迫階級——無產階級：工人、農民；對壓迫階級——資產階級：資本家和地主的仇恨。

「……財富增多了，造起了許多鐵路和大工廠，城市裡的人更多了，城市更加繁華了；可是，所有這些財富都落在極少數人的手裡，人民反而更加貧窮、破產、饑餓，替別人去做雇工……」（《列寧選集》卷一，四四四頁）

列寧對被壓迫階級——人民，同情得要掉眼淚。

「俄國工人階級受著雙重壓迫：他們受資本家和地主的搶劫和掠奪，為了使他們不能反抗，員警還把他們的手腳束縛起來，把他們的嘴堵住，對一切維護民權的人進行迫害……」「農民受盡了各種掠奪、壓迫和折磨的痛苦……一輩子替人家做工、播種和收割糧食而現在卻要餓死在『老爺的』糧倉旁邊……好地和一切工廠，都在富人手裡，都在地主和資產階級手裡，他們正是要餓肚子的人去替他們做工……」「整個農村，像蜘蛛網裡的蒼蠅那樣陷在鄰近地主的魔爪中，一輩子都掙脫不了盤剝，沒有辦法逃脫這種盤剝……」（《列寧選集》卷一，二〇五、四四五、四四七頁）

列寧有辦法使窮人擺脫這種「盤剝」。他使出聖祖馬克思的慣使，煽動「被壓迫者」起來造反：

——城市工人開始進行一切窮人反對一切富人的新的偉大鬥爭。城市工人已聯合成為社會民主黨，堅決地、同心協力地進行著自己的鬥爭，一步接著一步地前進，準備作偉大的最後決戰。（《列寧選集》卷一，四四四頁）

——農民已經忍受不了極度的壓迫而起來爭取過好日子了。農民打定主意——而且主意打得一點不錯——要這樣不鬥爭去餓死，還不如同壓迫者鬥爭。（同上書，四四五頁）

列寧給被壓迫者許下了許許多多的諾言：一旦奪取了政權，就給他們徹底的民主、完全的自由、土地國有、工廠歸工人管理、財富均等、消滅階級和國家……總之，實現了社會主義，就等於進了天堂。

列寧把炮口對準了沙皇。

——僅僅破壞和限制沙皇政權還不夠，必須把它消滅。沙皇政權如不消滅，沙皇的讓步總是不可靠的……推翻沙皇政權，使政權歸人民，才能使俄國擺脫官吏的暴力和專斷。（《列寧選集》卷二，三八七頁）

——在同這個敵人鬥爭過程中……必須徹底改造整個社會，必須徹底消滅一切貧困和一切壓迫……反對橫在他們前進途中的一切障礙，首先是反對沙皇政權。（同上書，三八九頁）

私有制激發競爭，會使農業國的沙俄通過發展改革過渡到資本主義。經列寧這樣一煽動，農民工人真的跟著列寧起來造反，打倒了地主資本家，推翻了沙皇政權。馬克思沒有成功的原因在於他們沒有群眾。發達資本主義國家的工人根本就不信馬克思的胡謅！他們知道自由與人權的可貴，由他們選舉的民主政權代表了他們利益的發展方向。他們知道騙子馬克思的險惡用心。封閉的農業國家分散的農民，因為貧窮，他們惦記的是維繫生命的溫飽，自由與人權離他們還遙遠，打地主分土地給他們帶來了福音，因而他們進入了列寧佈設的圈套，打倒沙皇建立蘇俄後，他們全被關進了暴力社會主義的紅色集中營，淪為了紅色暴政的奴隸，比從前餓得更厲害，連說話都沒有自由了，列寧想壓迫誰就壓迫誰，他成了最大的壓迫者。

三、列寧的專政論和獨裁論

無產階級專政這個詞，是由馬克思創造的，在列寧手裡變成了事實。

列寧在奪取政權前，為了欺騙和調動民眾，他為無產階級專政加上了許多好聽的字眼：階級專政、社會主義專政、人民專制、革命專政、民主專政。他在《社會民主黨在民主革命中的兩種策略》中寫道：

「資產者……以為專政就是廢除一切自由和一切民主保障，就是恣意橫行，就是濫用權力以謀專政者個人的利益。」其實不是的。「臨時革命政府必須實行專政……這個專政的口號就是消滅舊制度的殘餘……」「各國人民生活中的大問題，只有用強力才能解決。一切反動階級通常都是自己首先使用暴力……真正革命的階級提出的正是專政的口號。」「保護革命所得的人民專制不受任何侵犯……這正好就是革命民主專政。」「人民勝利了，他們獲得的無疑是具有民主性質的自由……」

列寧口頭上說的無產階級專政，完全是為了保護人民的「民主」和「自由」，是好東西。他獲得了民眾的擁護。沙皇則遭到民眾的唾棄。

列寧炮製無產階級專政，當然是用它作暴力，推翻沙皇，達到奪取政權的目的。

「資產階級國家由無產階級國家（無產階級專政）代替……只能通過暴力革命。」「無產階級專政……憑藉群眾武裝力量……才能推翻資產階級。」「無產階級國家代替資產階級國家，非通過暴力革命不可。」「承認無產階級專政，即承認不與任何人分掌而直接憑藉群眾武裝力量的政權。只有使無產階級變為統治階級……才能推翻資產階級。」（列寧：《國家與革命》）

列寧用無產階級專政，推翻了沙皇，奪取了政權，成了蘇俄皇帝。

這時，他把無產階級專政緊握在手，做為他搞壓迫的兇器。他的語氣完全變了：必須要有「『嚴整的組織』和專政」，「認為不用強迫手段，不用專政手段，便可以由資本主義過渡到社會主義，那就是極其愚蠢和最荒唐的空想主義。」「必須有鐵的手腕」，「專政就是鐵一般的政權，是有革命勇氣的和果敢的政權，是無論對剝削者或流氓都實行無情鎮壓的政權。」「必須採用強迫手段……」（列寧：《蘇維埃政權當前的任務》）

專政即獨裁——

「賦予個別人員以『無限的』（即獨裁的）權力」是「蘇維埃政權的原則」，「反對關於獨裁制的法令……是一個原則問題」，「個人獨裁成為革命階級專政的表現者、代表者和執行者，是屢見不鮮的事。個人獨裁……是……社會主義形式的開端。」「從資本主義過渡到社會主義必須有國家，即強迫手段……蘇維埃的（即社會主義的）民主制與實行個人獨裁之間，絕無任何原則上的矛盾……無產階級專政不僅是由被剝削勞動群眾——也是經過個別的人——來實現……蘇維埃的組織就是這類的組織。」「個人獨裁……只有使成千成百人的意志服從於一個人的意志」，「絕對服從蘇維埃領導人——獨裁者——的意志。」（列寧：《蘇維埃

政權當前的任務》）

列寧公開宣告：他是蘇維埃暴力社會主義的獨裁者。

列寧在奪取政權後，立即動用如下專政手段：

——採取措施直接剝奪剝奪者！

——鎮壓剝奪者的反抗！

——粉碎軍事反抗，非用軍事手段不可！

——凡是破壞勞動紀律的人，就是……罪人……提交法庭，嚴厲懲辦！

——就地槍決！

——槍斃！

——逮捕和槍斃受賄者和騙子！

——法庭審判！

——充軍……

——流放……

被列寧槍決了多少地主和資本家，迫害和鎮壓了多少無辜者，多得無法計算。而這些地主和資本家，其實都是發展社會生產力的有功之人，為成就列寧的個人獨裁，而成了他的刀下之鬼。

列寧用專制和獨裁壓迫殺伐民眾，用專制和獨裁支配全社會經濟。

「個人獨裁制有何意義的問題。我們應該說，任何大機器工業——即社會主義物質的、生產的泉源和基礎——都要求無條件的和最嚴格的統一意志，以指導幾百人、幾千人以至幾萬人的共同工作。這一必要性無論從技術上、經濟上或歷史上看，都是很明顯的，一切想實現社會主義的人，始終承認這是實現社會主義的條件。」「服從就很像隨著音樂指揮者的柔和指揮一樣……這種服從可以通過嚴厲的獨裁形式來實現……為了使這種按大機器工業形式組織起來的工作能夠順利進行，無條件服從統一意志是絕對必要的。」「把全部國家經濟結構變成一整架大機器，變成一個使幾萬萬人都遵照一個計畫工作的經濟機體……」（《列寧選集》卷三，五二一、四五五頁）

整個蘇俄——後來的蘇聯笨重的經濟體，便在列寧用「鐵的手腕實施」的個人獨裁下，按照他一個人的意志，開始畸形扭曲地運轉。

列寧用他的語言和行動概括了「實現全人類解放」的暴力社會主義的實質：專政！專制！獨裁！個人獨裁——無限的個人獨裁！

四、史達林的暴政暴行

以公有制為名的暴力社會主義，實質就是借共產黨領導人民的名義大搞的個人獨裁。借了

「人民」的名義，「領袖」就代表了「真理」，他所做的全部壞事全是「正義之舉」，凡迎合他個人喜好的社會傾向全都成了革命行為，凡違背他個人意志之舉全都是反革命行為，因他的恐懼和疑心，會引發一次又一次「剿殺反革命」的「革命行動」，為了穩固他的獨裁，他常常會以人民和革命的名義師出有名地以「反革命、反動派、反人民罪」剿殺認為對他有威脅的大批無辜。

這種被美化了的獨裁，其殘酷暴戾超越了奴隸制封建制法西斯的獨裁。這種制度必然造就暴君，社會主義暴君必然具有超級騙子和烈性劊子手的人格。

史達林就是這樣一個傑出的社會主義暴君。他是列寧的繼承者，全盤承襲了馬克思、列寧主義，更加猛厲地奉行列寧的無產階級專政理論，把列寧的「個人獨裁」、「無限的獨裁」作了充分的實施和發揮，他以「鐵的手腕」不斷地迫害、鎮壓、屠戮無辜，以堅固他的帝位，保障他的終身獨裁，盡情地發洩著他的屠人欲。

先看一看這個雙手沾滿鮮血的「人民領袖」的反人類的暴行。

黨內清洗

以「加速革命正義」的名義和消除在蘇聯「設立資本主義」企圖的罪名清除黨內異已。最後幾乎所有在一九一七年俄羅斯大革命和在列寧政府中擔任重要角色的蘇共領導人都被消滅。

在一九一七年十月革命時期的六位政治局成員中除史達林外，其餘五位中四人被處死，托洛茨基被開除黨籍後流亡墨西哥，於一九四〇年被蘇聯間諜謀殺。從十月革命到一九二四年列寧逝世期間被選入政治局的七人中四人被處死，米哈伊爾．湯姆斯基自殺。從一九三四年參加第十七屆黨代表大會的一千九百六十六名代表中一百一十八人被捕，後幾乎所有這些人都死於獄中。

這僅是對蘇共前黨最上層的清洗，而且是清洗的一小部分，對蘇共下層的清洗範圍和規模更大。

軍內清洗

紅軍中五位元帥中的三位、十五位將軍中的十三位、九位海軍上將中的八位、五十七位軍長中的五十位、一百八十六位師首長中的一百五十四位、全部十六位陸軍政治委員、二十八位軍政治委員中的二十五位遭清洗。

社會清洗

一九三七年七月三十日秘密員警發布了第〇〇四四七號針對「原富農」、「富農幫兇」和其他「反蘇聯分子」的命令。秘密員警由此而展開對無辜民眾的大規模逮捕、殺害。

在準備蘇共第二十次黨代會的一個特殊委員會下達內政部進行統計的數目表明，根據秘密員警檔案，僅在一九三七～一九三八年中，史達林本人就簽署了針對六十八萬人的處決。

史達林統治時期到底有多少人被處死，是幾百萬人、一千多萬人？幾千萬人？由於原蘇共的保密和對檔案的銷毀，至今沒有確切數字。總之，大規模公開處決與暗殺同步進行；連一個農民因餓極而刨吃了一個殘留在土地裡的白薯都是犯罪，遭殺害。這就是以殺人取樂的蘇聯人民的父親——史達林的人格！

卡庭慘案

一九三九年德國發起了進攻波蘭的「白色行動」，德國從西面入侵波蘭，九月十七日蘇聯從東面入侵波蘭，波蘭從此被兩個大國完全瓜分，史達林下令由內政部屠殺了二萬多個波蘭人，被害人主要是波蘭軍官，還有醫生、教師和記者。波蘭曾在一九二〇年參加了協約國對新生蘇維埃政權的干涉，史達林記恨於波蘭，故動了殺機。

一九四一年，蘇聯大片國土被德軍占領。一九四一年十一月十七日，史達林下達第〇四二八號訓令：

一、對在主要戰線後方四十到六十公里縱深的德軍占領區內的所有居民點要一律摧毀並焚燒，道路兩側的摧毀範圍定為二十到三十公里。在既定半徑內毀滅居民點的行動中須調用空軍，須大面積使用重炮和迫擊炮，同時要使用配備燃燒瓶的偵察、滑雪特遣隊和遊擊武裝。

狩獵特遣隊應主要穿上繳獲來的德國陸軍和黨衛軍的制服來實施這一毀滅計畫，以此來激發對法西斯領者的仇恨，並使得在法西斯後方徵召遊擊隊更為容易。必須注意，要留下能夠陳述「德軍暴行」的活口。

二、為達此目的，每個團要組成由二十～三十人構成的多個狩獵遣隊，任務是爆炸和焚燒居民點。為實施這次毀滅居民點的行動，必須挑選勇敢的戰士。對那些在德軍戰線後方身著敵方制服、毀滅居民點的人建議授予勳章。在民眾中必須散布是德國人為報復遊擊隊而燒毀了這些村莊和城鎮。

如此兇殘地屠殺自己統治下的百姓，並把它嫁禍於人，多麼陰險、卑鄙、殘忍！史達林，這個蘇聯人民「衷心愛戴」的領袖，就這樣時時刻刻在他的辦公室裡下達那些不可告人的暴令。

以上僅是史達林暴行的冰山一角。

馬克思、列寧主義是蘇共的行動指南。「聯共過去和現在都是以馬克思、列寧主義的革命學說為指南。聯共的領袖們在帝國主義、帝國主義戰爭和無產階級革命時代新條件下，繼續發展了馬克思恩格斯學說，把它提到了新的階段。」（《聯共歷史教程》，一頁）

史達林用暴行發展了馬列主義，用暴行屠滅人類——「實現全人類的解放」——共產主義運動就一直都是這樣搞的。

史達林完全按照列寧「無限獨裁」的「遺訓」指揮國家的政治和經濟。

政治：共產黨即史達林領導一切。權利高度集中於黨中央的最高領導機構，即史達林手中。黨政不分，黨直接發布政令，管理國家事務。幹部由上級黨組織委派，領導終身任職。最後形成史達林個人高度集權，史達林成為蘇聯的「上帝」，享有「崇高威望」；人民懼怕遭操生殺予奪大權於一身的史達林的迫害、暗殺和公開槍決，迎合史達林的虛榮心，掀起了對史達林個人迷信的狂熱崇拜，無限制的獨裁惡性膨脹，民眾在紅色高壓下極度恐怖地生存，卻又被迫高唱頌歌。

經濟：以個人獨裁的暴力手段管理經濟，高度集中的政治命令體制，把一切經濟活動置於指令性計畫之下。計畫經濟是對價值規律和市場機制作用的否定，但價值規律和市場機制的發生不以史達林的意志為轉移。價值通過人們進行商品交換的活動得以實現。史達林以個人意志否定價值規律，必然導致經濟發展的畸形扭曲甚至倒退。史達林片面發展重工業和軍事工業，用剝削農民和限制居民生活改善的手段，達到高積累、高投資。

雖然據報蘇聯在一九三七年的工業總產值躍居歐洲第一位，世界第二位，但這並不真實反映了蘇聯經濟。比如中央命令某皮鞋廠三個月內生產三十萬雙皮鞋，由中央撥原料、資金、勞動力，該廠不論品質、款式、舒適度，按時產出三十萬雙皮鞋。結果，這批皮鞋不賣也不穿，鎖進倉庫，數字報上去，計算進了產值。居民絲毫也沒有從提高了的產值中得到實惠。因而直到蘇聯解體前，蘇聯居民的生活，還不如沙俄時期。

這樣的反人類反民主反進步的暴力社會主義政權，僅僅存在了七十四年，就發生解體，勢所難免。

史達林和列寧這兩個以解放全人類為名殘殺人類的超級屠夫，將被做為反面教材載入史冊，永久地警醒人類。

第三節 毛澤東鄧小平批判

一、毛澤東與中國

毛澤東現象是世界政治怪象，也是中國專制制度末端必然會出現的政治現象。我們注意到：各個領袖特殊的個性，常常與那個國家的特殊民性、國性相吻合——這是宇宙的鬼斧神工。華盛頓與美利堅合眾國的誕生同命運；毛澤東與暴力社會主義中國的出現共其時。

上天需要在人類社會專制的末期製造一個極端——來豐富歷史，堅實歷史——從而警示人類：拒絕專制，用民主潮流把人類社會推向預定的終端。因而，歷史需要一個超級大暴君，用響亮的謊言、超人的欺騙、痞子的手段、殘酷的鎮壓、駭人的屠殺，來震撼這個極度麻木的蒙昧之國，驚醒這隻沉睡千年的東方睡獅，使它變成一條巨龍，從地獄裡飛起，融入世界民主潮流——

毛澤東現象是東方蒙昧中國封建專制終端迸射出的回光返照，是中國愚民皇奴本性的惡性迸發，天意需要封建中國在實現民主前做一個大倒退大磨難大驚醒——三者合一，引發的共震。

二、毛澤東與太平天國

毛澤東的「革命」與太平天國農民造反有驚人的相似。

請看毛澤東為自己造反定的性：「中國的革命實質上是農民革命。」「新民主主義的政治，實質上就是授權給農民。新三民主義，真三民主義，實質上就是農民革命主義。」「抗日戰爭，實質上就是農民戰爭。」「農民的力量，是中國革命的主要力量。」（《毛選》卷二，六五二頁、六五三頁）在這裡毛澤東沒有撒謊，他徹徹底底真真實實為自己的造反定了性：「農民革命」——也就是農民造反。

太平天國算革命嗎？只能算是農民造反。革命是要把陳腐的舊制度推翻了的，像辛亥革命，結束了中國兩千年的封建統治。太平天國是造清王朝的反，建立了自己的封建小王朝，用一種封建專制代替了另一種封建專制，這不是革命，是奪權。毛澤東煽動農民趕走了民主的國民黨，推翻了民主性的中華民國。農民是封建制的基礎，農民造反，取得勝利，當然仍只能建立封建王朝——毛澤東不過是給這個封建王朝披上了社會主義的外衣罷了。

毛澤東這個農民造反領袖，一向十分讚賞中國歷來的農民造反，說他們是推動歷史發展的動力。毛澤東欣賞洪秀全，他對洪秀全佩服得五體投地，把洪秀全同孫中山並立。「自從一八四〇年鴉片戰爭失敗那時起，先進的中國人，經過千辛萬苦，向西方國家尋求真理。洪秀全……孫中山，代表了在中國共產黨出世以前向西方尋求真理的一派人物。」（《毛選》卷四，一四〇六頁）連長毛領袖都成了西方派的人物了！因為他自己就是農民造反，對同樣是太平天國農民造反的領袖洪秀全自然是惺惺相惜，欣賞有加。事實上，太平天國的長毛造反與毛澤東的農民造反極為相同：

㈠、土地制度

太平天國《天朝田畝制度》主要內容：「凡天下田，天下人同耕。」天下「無處不均勻，無人不飽暖。」不僅生產資料公有，連生活資料也要公有。

毛澤東的土地政策一貫十分明確：打土豪分田地；分配封建土地和封建地財；耕者有其田；實行公有制、共產制。

土地公有和「共耕」，是農業烏托邦，從農業小生產者角度提出的強分他人土地的絕對平均主義的思想，抑制了商品經濟、市場經濟和資本主義萌芽，違逆歷史發展進程，是倒退。均分土地，公有，「共耕」，其後果非但不能真正達到「均等」，必然造成新的專制、獨裁、騙子、竊賊、大盜、貪瀆階層。社會主義實驗已對此作了證實。而洪秀全的均分土地制度其實並沒有實施，只是欺騙農民，為其奪取政權服務而已。

㈡、奪權前向民眾許願，奪權後荒淫無恥

洪秀全奪權前向民眾許願「天下大家處處平均，人人飽暖矣」，建立一個不存在「此疆彼界之私」，「爾吞我併之念」的理想天國——太平天國。毛澤東在奪權前一再向人民許諾「要人民大眾民主的統一，不要獨裁者專制的統一」，給人民「民主政治」，「中國人民要自由」——建立一個人民大眾享有廣泛自由民主的新社會。

剛打下南京，洪秀全就建都南京——天京，當上天王，過起了皇帝日子。毛澤東奪取了政權，當上了紅色皇帝，荒淫無恥，把百姓當奴隸虐殺。他們始終沒有給百姓兌現奪權前的任何一條承諾。

農民造反，都是如此。

㈢、奪權後互相殘殺，盜寇本性畢顯

凡是農民造反，目的只有一個，當獨裁皇帝。當了皇帝的要強固王位，沒當上皇帝要爭當皇帝，結果便互相殘殺。

太平天國滅亡的根源主要繫於內訌。定都天京，自封天王後，洪秀全潛居深宮，盡情淫樂，

讓權於東王楊秀清，致使楊秀清權大於洪秀全。楊秀清威逼洪秀全給他加封萬歲，洪秀全密詔韋昌輝、秦日綱殺死了楊秀清，並包圍了翼王府屠殺了石達開全家及王府上下，石達開出逃。自此太平軍力量日衰，於一八六四年七月天京陷落，太平天國滅亡。

毛澤東奪權後，為強固獨裁暴政，不斷地排除和迫害「政敵」，至一九六六年，為消滅他的接班人劉少奇，竟發動了持續十年的文化大革命。文革中，他又將他的另一個接班人林彪逼死。十年文革動亂，使中國民眾從毛澤東身上看出了紅色暴政的極度封建專制性，蒙昧奴性的民智得到了開啟，紅色暴政的喪鐘隱隱敲響。

㈣、農民造反，以殺人為能

農民造反，以建立獨裁暴政，壓迫鎮壓民眾為業，因而它與民為敵，以虐殺人民取樂。太平軍民間稱其為「長毛」，它是至今民間仍談虎色變的嗜殺民眾的虎狼之軍。長毛所到之處，見人便殺，逢人便砍，長毛駐地十里之內，凡民眾悉數被殺光。當年太平軍造反，民眾四處逃難，江南變成了閻堂鬼府，屍橫遍野，血泛成海。這樣的造反還被毛澤東讚賞為是革命，推動了歷史發展，可見毛澤東共產黨的造反與長毛造反性質完全一致。

以殺人為樂的超級屠夫毛澤東，主要靠搞政治運動借群眾互鬥強固自己的歪理霸道惡權。解放後的歷次運動，前後共被他殺死、逼死、整死、餓死，害死達一億人，其殺人的頻率、規模和殘酷，超過人類歷史上任何一個暴君和殺人魔王。

毛澤東的農民造反與太平天國的長毛造反頗類。但歷史不會原版重演。太平天國的農民造反是從封建王朝手裡奪權，毛澤東的農民造反卻是奪了民主政權的中華民國的權，建立了披著社會主義外衣的封建王權。因此，毛澤東的農民造反比長毛造反更反動，是把歷史、時代和社會潮流拉向了大倒退！太平軍造反其實是毛澤東造反的預演。

三、毛澤東如何使自己馬克思正統化並與孫中山攀上「朋友」

馬克思規定社會主義革命的地盤只能是資本主義強國。

中國非但不是資本主義強國，而且還是如毛澤東所說的，是一個殖民地、半殖民地、半封建的弱國。但中國是經歷了資產階級革命——辛亥革命，並建立了資產階級民主性質的國家——中華民國，並曾由孫中山出任中華民國首任總統。儘管這個革命暫時失敗了，但其時中國仍由孫中山締造的國民黨統治著。迫於中國經濟落後，民智未開，軍閥混戰，列強割據，孫中山的軍政、訓政、憲政無法進行，國家的統治權仍比較高度集中在蔣介石手中。但這是為中國國情、民性所致，中華民國政權仍不失為當時中國正在成長中，向民主過渡的好政權。但毛澤東造反，不管是誰掌權，他總是會有「理由」把你推翻的，而後由他毛澤東當皇帝，因為中國是殖民地、半殖民地，掌握中國政權的蔣介石自然就成了「賣國賊」，毛澤東對蔣介石罵不絕口。

罵倒了「賣國賊」蔣介石，就可以讓毛澤東這個「愛國者」搞造反，從蔣介石手裡奪權，「解放全中國」乃至「解放全人類」了。

中國除了殖民地、半殖民地性，還是封建性的農業社會。毛澤東斷然承認他的造反是「農民革命」。俄國不也是「小農國家」，竟也實現了社會主義？「十月革命一聲炮響，為中國送來了馬克思列寧主義」。

問題是，中國是明擺著的幾乎是完全的農業國，比列寧造反時的沙俄還要「農業化」。儘管有蘇聯作榜樣，但總得像列寧一樣，將中國著上些資本主義的色素，才能套上馬克思的「新裝」，漂漂亮亮地在中國搞農民造反——不，搞馬克思的科學社會主義革命！

如何把農民造反與共產主義運動對接——以便搭上馬克思的科學共產主義之船？毛澤東作了勾勒：

「第一步，改變這個殖民地、半殖民地、半封建的社會形象，使之變成一個獨立的民主主義的社會。」「現階段中國革命的性質，不是無產階級社會主義的，而是資產階級民主主義的。」「這種新民主主義的革命，和孫中山在一九二四年所主張的三民主義的革命在基本上是一致的。」「……革命勝利之後，因為肅清了資本主義發展道路上的障礙物，資本主義在中國社會中會有一個相當程度的發展。」「今天『建國』工作的唯一正確的方向——就是三大政策的新三民主義的共和國，這就是名副其實的中華民國。」（《毛選》卷二，六二七、六一〇、

六一一、六一三、六三八頁）

好傢伙！毛澤東的正統農民造反，居然變成了新式的資產階級民主革命，而且與孫中山的三民主義革命基本一致，建立——中華民國。

朋友，不要當真，毛澤東這是在玩文字遊戲，在搭積木——只要需要，他可以把他的農民造反同任何性質的革命掛上鉤，因為他手裡握有兇器：不斷擴大著的農民武裝。不怕別人嘲笑他。

而且，他的「革命」是首先發展資本主義，建立新三民主義的共和國——中華民國！既然毛澤東的農民造反已在他的「積木」裡搭成了資產階級革命的「金字塔」，他「革命」的目標甚至首先是為發展中國的資本主義，中國發展了資本主義，中國就符合了馬克思的社會主義革命首先在資本主義國家勝利的聖論，毛澤東的造反就屬於馬克思的「科學社會主義革命」的性質。

毛澤東與列寧一樣，同為兄弟，染著馬克思的基因，成了馬克思的正傳嫡子，他的「革命」就有了完全的「科學性」、「正當性」與「合理性」。

但還不夠。他還必須同孫中山攀上朋友——最親密的朋友——才能硬起腰桿。因為孫中山是世界公認的中國資產階級革命領袖，是他領導的辛亥革命結束了中國兩千年的封建統治，建立了中國第一個民主的資產階級共和國。他只有同孫中山攀上了朋友，才能證明他的「革命」不是封建性的，而是徹底的反封建的。而且當時中國仍由國民黨統治著，孫中山在中國和世界的影響力十分廣大，使得國民黨在中國的統治基礎十分雄厚，他毛澤東必須比國民黨更靠近孫中山，他要用孫中山打倒國民黨，才能有力地舉起造反大旗，率眾向前。「共產主義是三民主義的好朋友。」毛澤東經常引用孫中山的這句話，作自己的「理論指南」。這句話由孫中山說出來，比毛澤東自己說更有「特效」。「我們共產黨人承認『三民主義……的政治基礎』，承認『三民主義為中國今日之必需，本黨願為其徹底實現而奮鬥』……」「這種新民主主義的革命，和孫中山在一九二四年所主張的三民主義的革命基本上是一致的。」（《毛選》卷一，六五〇、六一一頁）「聰明的孫中山看到了這一點，得了蘇聯和中國共產黨的助力，把三民主義作了新的解釋，遂獲得了新的歷史特點，建立了三民主義同共產主義的統一戰線，建立了第一次國共合作，而得到了全國人民的同情……」（《毛選》卷二，六五四頁）

幾句話，毛澤東就把自己同孫中山作了最親密的並立，兩人目標一致，勝如兄弟，並駕齊驅——不，是共產黨，他毛澤東給了孫中山助力，搞了國共合作，引導了孫中山。他毛澤東比孫中山站得更高更遠，指示了中國的前途。

把自己與孫中山結為兄弟，甚至說自己比孫中山棋高一著，引導了孫中山後，毛澤東要按原則辦事了。

他開始將孫中山的三民主義作分離：把孫中山的三民主義稱作舊的、偽的、假的三民主義，再從孫中山的話裡找出幾個有利於自己的字，稱作新三民主義，把這種三民主義稱作真三民主義；然後把自己的想法寫在孫中山三民主義的大旗上——新三民主義——為自己造反奪權張揚。

「孫中山先生之所以偉大，不但因為他領導了偉大的辛亥革命（雖然是舊時期的民主革命），而且因為他能夠『適乎世界之潮流，合乎人群之需要』，提出了聯俄、聯共、扶助農工的三大革命政策，對三民主義作了新的解釋，樹立了三大政策的新三民主義……」（《毛選》卷二，六六一頁）

奇怪！聯俄、聯共、扶助農工這八個字，沒有一個是「民」字，怎麼也變成了三民主義？而且是孫中山「對三民主義作了新的解釋」的「新三民主義」？沒關係，把黑的說成白的，是毛澤東的慣伎。聯俄、聯共、扶助農工——「俄」、「共」、「農工」，不都代表「民」嘛，是三民主義，新三民主義嘛！我毛澤東代表人民，代表革命，我說出來的話，就是真理！誰反對我，誰就是反動派！

這樣，毛澤東就有了孫中山「重新解釋」的屬於他毛澤東的新三民主義。「這種三民主義即是孫中山的三大政策，即聯俄、聯共、扶助農工政策的三民主義。」「只有這種三民主義，才是真三民主義，其他都是偽三民主義。」「新三民主義或真三民主義，是聯俄、聯共、扶助農工的三大政策的三民主義。」（《毛選》卷二，六一一、六五〇頁）

在毛澤東筆下，孫中山成了為他毛澤東制訂新三民主義政策的文秘兼理論智庫了——孫中山與列寧、史達林、毛澤東一起，也成了共運領袖。

毛澤東於是用新三民主義推倒孫中山的三民主義。

「沒有三大政策，或三大政策缺一，在新時期中，都是偽三民主義，或半三民主義。」「一九二四年國民黨改組以前的三民主義，乃是舊範疇的三民主義，乃是過了時的三民主義，」「這種三民主義是被人們看成為一部分人為了奪取政府權力，即是說為了做官，而臨時應用的旗幟，看成為純粹政治活動的旗幟。」（《毛選》卷二，六五〇、六五四、六六一頁）

這樣，毛澤東既「起用」了孫中山，讓孫中山做他的「朋友」，使他獲得了不少民意，又借用孫中山嘴裡吐出的幾個字，變成了他毛澤東的新三民主義，他用新三民主義推倒了孫中山的三民主義——他毛澤東的新三民主義，不是為了奪權，為了做官，而是純粹為了「全人類的解放」——農民們！快舉起我的新三民主義旗幟，跟著我，造反吧！

他用被他親手腰斬了的孫中山的「三民主義」——即他炮製的新三民主義——痛批國民黨：

「帝國主義指揮下的地主階級和資產階級聯盟的專制主義……腰斬了孫中山的三大政策，腰斬了他的新三民主義，造成了中華民族的深重的災難。」（《毛選》卷二，六六三頁）

真是倒打一耙！

毛澤東用孫中山打倒孫中山，借孫中山的嘴，批判孫中山的三民主義，借孫中山的嘴，做自己造反的口號和旗幟。他忽兒批判孫中山的「舊」三民主義，過不多久，又用孫中山的「舊」三民主義——民族、民權、民生——做自己行動的理論依據了。「我們對於任何一個實際問題的解決，都沒有超過革命的三民主義的範圍……民族主義……民權主義和民生主義……」（《毛選》卷三，七六六頁）用不著時，他就批；用得著時，他就捧。他的這種「本領」非常自然地盡情「揮灑」在他的「革命理論」中。

他放出了許多「幻影」：他的革命是資產階級民主革命、新民主主義革命就是資產階級革命、資產階級是革命的同盟者、必須先發展資本主義、建立新民主主義國家、民主國家、聯合政府、給人民充分的民主和自由、堅決反對獨裁……這樣的詞句在《毛選》裡隨處可摘，滿目皆是。從他放出的滿天飄飛的幻影裡，人們幾乎以為他是一個極度仁慈的資產階級革命家——可他不是，在他滿嘴謊言的同時，他始終堅持自己最終的「革命」目標：建立一個無產階級領導的、人民大眾擁護的、人民民主專政（無產階級專政）的社會主義國家。

他一生的講話，所寫的文章，其中的觀點，常常自相矛盾：發展資本主義——打倒民族資本家；給人民充分的民主自由——堅決實行獨裁；貫徹孫中山的三民主義——三民主義是偽的、舊的、過時的；農民是自私的——農民是革命主力軍；成立各黨派的聯合政府——成立無產階級專政的人民共和國……在他迷魂陣般混亂的「理論」中，我們可以看到，他似乎什麼都保護，從而得到了方方面面的擁護：保護了資本主義，資本家擁護他，馬克思也贊成他；

他說先在中國實現資本主義，騙住了一切有產者，使他迅雷不及掩耳地搞了社會主義革命；他說要給人民充分的民主自由，人民個個擁護他；他說他要建立無產階級專政的社會主義共和國，史達林擁護他，兩人合夥可以「把革命的火焰燒到西方去……」他反對一切、批判一切、打倒一切，從而強固了他終身的獨裁霸權，卻又把一切都矇騙、籠絡住了。

在民主潮流風靡全球的當代，搞農民造反建立獨裁王朝，不施展騙術絕不能成功。他——毛澤東——用萬花筒般的騙術，居然騙住了全世界，騙住了中國，尤其是中國農民。驅動中國農民幫他造反，奪取了政權，在中國建立個人獨裁的暴力社會主義制度，把孫中山也帶上了他的「革命軌道」，同時用孫中山的嘴，把孫中山打得人仰馬翻，用被他腰斬了的孫中山，做他奪取政權建立暴政的墊腳石。

四、毛澤東的奪權策略和手法

歷史常常故意領著人們走錯房間。迂迴曲折是它引領人類走向成熟的最好途徑。歷史塑造了反面角色毛澤東，讓他以正面角色出現，把中國引進暴力社會主義的地獄。

毛澤東完全知道，自袁世凱和張勳復辟失敗後，舊式的封建王朝已經不能再在中國復生，他要做一將功成萬骨枯的大屠夫式皇帝，只能讓中國走馬克思式的列寧奪權道路。但毛澤東的農民造反比列寧的造反要複雜得多，這為中國國情的複雜性所決定。

中國雖然是一個完全的農業國，但由於遭受列強侵伐，受資本主義影響，中國經歷了正式的資產階級革命：辛亥革命。建立了正式的資產階級政權：中華民國。雖然經歷了袁世凱的復辟，軍閥混戰，但中國的政權還掌握在孫中山締造的國民黨手裡。對於這個政權的力量，毛澤東估計得很清楚。

「紅軍的敵人國民黨，它的情況是怎樣呢？它是奪取了政權而且相對地穩定了它的政權的黨。它得到了全世界主要反革命國家的援助。它已改造了它的軍隊——改造得和中國任何一個歷史時代的軍隊都不相同，而和世界現代國家的軍隊卻大體相同。武器和其他軍事物資的供給比起紅軍來雄厚得多，而且其軍隊數量之多超過中國任何一個歷史時代的軍隊，超過世界任何一個國家的常備軍。它的軍隊和紅軍比較起來真有天壤之別。它控制了全中國的政治、經濟、交通、文化的樞紐或命脈，它的政權是全國性的政權。」（《毛選》卷一，一七三頁）

要從如此力量和實力強大雄厚的敵人手裡奪取政權，李立三和王明[1]的「急性奪權」政策自然只能失敗。中國的現狀「規定了中國紅軍不可能很快發展和不可能很快戰勝敵人，即是規定了戰爭的持久，而且如果弄得不好的話，還可能失敗。」（《毛選》卷一，一七五頁）毛澤東心裡非常有數，他的農民造反，只能打持久戰。

1 李立三，王明，中共早期的重要領導人。

毛澤東把他徹徹底底的農民造反先說成是發展資本主義的革命。而要發展資本主義，必須先把蔣介石反動政權推翻，因為蔣介石政權是代表帝國主義、買辦資本家和大地主利益的政權，而他領導的農民造反卻是要在中國發展了資本主義之後，按照馬克思的規定，再搞社會主義革命。

為達到目的，獲得利用力量，毛澤東比他的聖祖馬克思和師兄列寧更善於分裂人群，為人群製造對立階級，煽動大多數，打擊「一小撮」。

早在一九三三年十月，毛澤東在《怎樣分析農村階級》一文中，就別有用心地把相處無事的中國農村人群作了如下劃分：

地主：占有土地，自己不勞動，靠剝削農民為生。

富農：富農的剝削是經常的，許多富農的剝削收入在其全部收入中並且是主要的。

中農：主要靠自己勞動。

貧農：一般都須租入土地來耕，受……剝削。

工人：雇農在內。完全或主要以出賣勞動力為生。（《毛選》卷一，一一三～一一五頁）

根本沒有工人的二十世紀初期的中國中部農村已有了「工人」？這是毛澤東的文字遊戲——在農村造出了「工人」這個「階級」，他的農民造反就穿上了馬克思的「新裝」——由工人階級作領導，在中國進行社會主義革命。

「中國歷代的農民，就在這種封建的經濟剝削和封建的政治壓迫之下，過著貧窮困苦奴隸式的生活。農民被束縛於封建制度之下，沒有人身自由。地主對農民有隨意打罵甚至處死之權，農民是沒有任何政治權利的。地主階級這樣殘酷地剝削和壓迫所造成農民的極端窮苦和落後，就是中國社會幾千年在經濟上和社會生活上停滯不前的基本原因。」今天，「地主階級對農民的剝削，不但依舊保持著，而且同買辦資本和高利貸資本的剝削結合在一起，在中國的社會經濟生活中，占著顯然的優勢。」（《毛選》卷二，五八七、五九三頁）

中國的農民是多麼悲慘啊！這使徹底的唯佛主義者毛澤東淚水和筆墨齊下。給中國農村製造了階級和人群對立，毛澤東便鼓動農民造反。「痞子運動」（農民運動），「好得很！」「無數萬成群的奴隸——農民，在那裡打翻他們吃人的仇敵。農民的舉動，完全是對的。」「革命是暴動，是一個階級推翻一個階級的暴烈的行動。農村革命是農民階級推翻封建地主階級權利的革命。農民若不用極大的力量，絕不能推翻幾千年根深柢固的地主權力。」「很短的時間內，將有幾萬萬農民從中國中部、南部和北部各省起來，其勢如暴風驟雨，迅猛異常……一切帝國主義、軍閥、貪官污吏、土豪劣紳，都將被他們葬入墳墓。」農民對土豪劣紳的處罰：清算、罰款……大示威、戴高帽遊鄉、關進縣監獄、驅逐、槍斃……（毛澤東：《湖南農民運動考察報告》）

舊時中國的農民是目光最短淺的，他們日日所想的，是怎樣赤手空拳從富人那裡平分財產，毛澤東號召的「痞子運動」，正中了他們的心懷，他們無不踴躍參與。

毛澤東又必須把他的農民造反和毫無關聯的遙在數千里之外東部大城市的工人（無產階級）和資產階級連起來，這樣才能實實在在對接聖祖馬克思的聖論——社會主義革命必須是由無產階級領導的推翻資產階級的革命。

毛澤東在《中國革命和中國共產黨》裡又為中國劃分了階級：地主階級、資產階級、農民以外的各種類型的小資產階級、農民階級、無產階級、遊民。

「帶賣辦的大資產階級，是直接為帝國主義國家的資本家服務並為他們所豢養的階級，它們和農村中的封建勢力有著千絲萬縷的聯繫。因此，在中國革命史上，帶買辦性的大資產階級歷來不是中國革命的動力，而是中國革命的對象。」（《毛選》卷二，六〇二頁）

這樣，就在文字上把中國東部幾個大城市的買辦資產階級同遙隔數千里的中國中部農村裡的地主連在了一起——農民造反打擊了地主的同時，也打擊遠得看不見捉不著的大資產階級——農民造反打擊了大資產階級——符合了馬克思的科學社會主義革命聖論。

但，中國還有無產階級。「中國無產階級中，現代產業工人約有二百五十萬至三百萬。」「中國無產階級身受三重壓迫（帝國主義的壓迫、資產階級的壓迫、封建勢力的壓迫）……整個階級都是革命的。」「中國革命如果沒有無產階級的領導，就必然不能勝利。」（《毛選》卷二，六〇七、六〇八頁）

倏忽間，以延安為中心的中國中部、南部、北部純粹的農民造反又有了從天而降中國東部大城市的無產階級領導，「聯合」成了推翻大資產階級和封建地主的革命——經過這樣一番文字組裝，中國的農民造反就完完全全成了馬克思式的社會主義革命了。

中國的農民造反絕不是打倒了地主和買辦就完事了的，他毛澤東要奪取政權，有最高的——真正的打擊目標。

「蔣介石統治區域，貪污遍地，特務橫行，稅捐繁重，物價高漲，經濟破產，百業蕭條，徵兵徵糧，怨聲載道，這樣就使全國絕大多數人民，處於水深火熱之中。而以蔣介石為首的金融寡頭，貪官污吏，土豪劣紳，則集中了巨大的財富。這些財富，都是蔣介石利用獨裁權力橫徵暴斂、假公濟私而來的。蔣介石為著維持獨裁，進行內戰，不惜出賣國家權利於外國帝國主義……全國絕大多數人民，地無分南北，年無分老幼，都認識了蔣介石的滔天罪惡，盼望本軍從速反攻，打倒蔣介石，解放全中國。」（《毛選》卷四，一一八一頁）

中國「革命」的最高敵人——就是國民黨蔣介石集團。推翻了這個「敵人」，就能讓毛澤東「掌握」中國。

為了更順應馬克思的聖論，毛澤東不停地反復地玩著如下的文字遊戲：現階段，中國革命是資產階級民主主義性質的革命（新民主主義革命）；將來，是無產階級性質的社會主義革命。

農民造反，等於資產階級民主革命。那麼洪秀全、李闖王和朱元璋造反，是否也能等同於資產階級革命？毛澤東硬用文字搭配，「天衣無縫」地把自己的「農民革命」對應了馬克思的科學社會主義「真理」。

中國革命，「這樣的任務是非常光榮的，但同時也是非常艱苦的。沒有一個全國範圍的、廣大群眾性的、思想上政治上組織上完全鞏固的、布爾什維克化的中國共產黨，這樣的任務是不能完成的。」（《毛選》卷二，六一五頁）

因此，中國「革命」只能由中國共產黨來領導，由他毛澤東當領袖，才能從勝利走向勝利，最後取得——完全勝利！

其實，蔣介石並非生來就仇視共產黨，開頭，他很欣賞共產黨，有意親赴蘇聯作一番考察。經過詳細考察研究，他發現：共產黨完全是用社會主義枷鎖將民眾置於非人的赤色奴隸地位，社會主義國家是一座紅色地獄，共產黨是一人一黨專制的極度獨裁的暴力政黨，他對與民為敵的共產黨充滿仇視。中共要欺騙煽動農民造反，在中國搞暴力社會主義，將中國民眾引入紅色牢籠，為了實施孫中山的民主政治，蔣介石自然要剿共。

蔣介石剿共，毛澤東就有了藉口，說蔣介石是在鎮壓革命，鎮壓人民，便加倍煽動農民造反。但毛澤東極具痞子能力，面對蔣介石這個強大的敵人，他搞的是「曲線革命」。

開頭，他不直接提出打倒蔣介石的口號，而是字裡行間隱隱地指斥國民黨蔣介石集團是帝國主義封建主義地主買辦在中國的總代表，他僅僅要求蔣介石與共產黨建立聯合政府。但機遇對毛澤東有利，天意要他禍亂中國。就像一戰幫了列寧的大忙一樣，抗戰幫了毛澤東的大忙。當蔣介石在正面戰場英勇抗擊日寇，不斷消耗軍力的同時，毛澤東借抗戰為名，在後方擴大農村根據地，不斷壯大自己的農民造反武裝。一旦均勢形成，毛澤東的農民武裝強於蔣介石的國民革命軍，毛澤東就會公開宣稱：蔣介石是「人民的」頭號敵人！「中國大地主大資產階級的政治代表蔣介石……要發動反人民的內戰，要屠殺人民（了）……他左手拿著刀，右手也拿著刀……中國人民也有手，也可以拿刀……蔣介石已經在磨刀了，因此，我們也要磨刀……人民靠我們去組織。中國的反動分子，靠我們組織起人民去把他們打倒。」（《毛選》卷四，一〇七〇～一〇七七頁）

當毛澤東的農民造反即將要完全打敗蔣介石，他就丟開建立新民主主義制度的「中華民國」或聯合政府的「目標」，直接提建立「人民民主獨裁」的「人民民主專政」的社會主義國家。

毛澤東在所謂的第一次、第二次國內戰爭和抗日戰爭這漫長的過程中，在把鬥爭的總目標指向帝國主義、封建主義、地主買辦官僚資本及其總後台國民黨的同時，始終在中國中部、南部、北部及其他貧困的農村地區煽動農民和地主兩個「階級」的矛盾，藉此擴大他的農村根據地，強大農民武裝，收縮包圍圈，以持久戰的方式，最終一舉從國民黨蔣介石的手裡奪取了政權。

但他的「土地政策」也運用得十分「巧妙」：在鞏固的根據地，他早就採取打土豪分田地的政策；而在新闢的臨近國統區的根據地，則實行「減租減息」，因為在富庶的國統區有更多的地主、富農、資本家、工商戶，他在根據地把地主富農鬥狠了，激化了矛盾，會使他的造反勢力很難向國統區拓展。他強忍著超級劊子手暴烈的屠人欲，克制著對地主富農的仇視，慢慢地收縮著對國統區的包圍圈。一旦當他奪取了政權，他就勃發蓄積已久的大屠夫、大迫害狂、大虐待狂、大暴君、大惡霸的本性，把地主、富農、資本家、小業主、工商戶、一切「反革命」包括全國民眾，按在砧板上，成堆成堆地剁，一群一群地劈，大片大片地殺！

毛澤東之所以奪權成功，絕不是「國民黨自己打敗了自己」，而是蒙昧的中國農民自覺地幫助毛澤東趕走了國民黨，為他奪取政權。百年來的列強侵伐、軍閥混戰，陷中國於苦難之中，中國民眾把遭受的苦難遷恨於當權的國民黨蔣介石。他們又極度迷戀專制，對集權具有強烈的集體獻身精神，對共產主義的「天堂」生活懷有不假思索的嚮往，而自覺自願地被毛澤東引進了紅色牢籠——這就是馬列主義在中國的「勝利」。

毛澤東現象是中國現象。

是中國民眾造就了毛澤東。

蒙昧的中國必須遭受紅色暴政的重擊才能真正覺醒。

這是歷史的註定。

五、毛澤東暴行

毛澤東是一個以騙人、害人、殺人為業為樂為榮的大痞子、大惡棍、大迫害狂、大虐待狂、大屠夫的複合體。全國政權即將到手，暴力社會主義中國還沒建立，他蟄伏已久的殺心早已萌動了，丟開從前給人民「充分自由、民主」的許諾，迫不及待地咆哮：

「『你們獨裁！』可愛的先生們，你們講對了，我們正是這樣……我們實行人民民主專政，或曰人民民主獨裁。」「實行專政，實行獨裁……如果亂說亂動，立即取締，予以制裁。」「我們現在的任務是要強化人民的國家機器。這主要地是指人民的軍隊、人民的員警和人民的法庭……軍隊、員警、法庭等項國家機器，是階級壓迫階級的工具……它是暴力……我們絕不施仁政。」（《毛選》卷四，一四一二、一四一三頁）

他要用暴力社會主義的國家機器，搞壓迫了。

而這些軍隊、員警和法庭「不是」他的，是「人民的」！是「人民」授予他權力，搞壓迫！

毛澤東獨裁，裁死了多少人？

前面已說及，不妨再說一遍：他胡搞大躍進，被他活活餓死了三千七百五十萬人；他搞文化大革命，被他鬥死、迫死、整死、害死了二千萬人。建國初，他大搞鎮反運動，只要鄉幹部在報上來的「反革命」名單上隨意圈點，那被圈點的一大批人，便會被立即執行槍決。中國成了一個由幾萬個小刑場組合成的大刑場：全國各地各區各鄉，隨時會有一隊一隊的「反革命」被五花大綁，押赴田間、地頭或山崗，被執行槍決。那些「反革命」是什麼身分呢？「國民黨殘餘」、「特務」、「土匪」、被推翻的地主、資本家、講話偏離毛澤東、共產黨、社會主義一句話或一個字的人；每一個「新中國」的公民，都從舊社會過來，都難免與國民黨、日本兵或舊社會勢力有過接觸、碰撞，於是這每一個人中只要有人被檢舉，便會被做為反革命，列入槍決名單遭槍殺——更多的人是在遍受酷刑後拖到刑場槍決的。

搞統購統銷運動，又被毛澤東餓死了多少人？「解放」後，直到文化大革命前，「反革命」層出不窮，全國各地各縣各鄉——後來是人民公社——隨時都召開公審大會，公審大會完畢，把「反革命」押赴田間地頭，執行槍決。

自「解放」初到文革前，全國被槍決了多少「反革命」，共產黨的檔案沒有記載，估計數目絕不會比大躍進餓死的人少。反右有多少人怕被戴帽受迫害自盡？全國有多少人怕被戴帽或因戴帽怕鬥打和坐牢上酷刑而自殺？毛澤東的看守所、收容所、監獄裡毒刑俱全，他還利用犯人治犯人，在看守所、收容所、監獄裡被酷刑治死報給家屬是「病死」於獄中的人又有多少？

除了「專政」這一法定執法機構外，毛澤東共產黨又在全國各地遍設「精神病院」，把所有持不同政見者悉數以「精神病患者」投入精神病院。精神病院的酷刑絕不比監獄少。被精神病院治死的犯人（對外一律謊稱是因病致死）又有多少？在毛澤東統治下，不須法定程式，群眾都可以打死「反革命」，不知有多少「反革命」死於「群眾」之手。

被他「裁」死的人不少於一個億，而被攫於他魔掌挨整未死的人又有多少呢？文革中被他挨整受迫害險些陷於死地的人就有一個億。據中共官方「統計」，反右有五十六萬人被戴右派帽子。「解放」後的歷次運動，毛澤東發動群眾整「反革命」，由群眾自發給「反革命」

實施的各種酷刑，駭人聽聞。毛澤東統治中國二十八年，全國有多少人被整受害，無法統計。

以上是公開的毛澤東的社會暴行。

毛澤東的私人暴行呢？譬如他坑死了多少萬為他秘密建造巡宮的人？他殺死虐死了多少警衛、秘書、保姆、護士、醫生、工作人員？他暗殺了多少人？中國古代的皇帝有左史右言，有椽吏，皇帝的言行舉止，都會完整無缺地載入史籍，共產黨領袖的「革命秘密」是絕對不能外洩的，毛澤東的許多駭人的私人暴行將被永久塵封。

如果說，史達林的清洗都由他個人下命令，許多都由他本人簽署處決令，毛澤東的暴行卻假手於群眾鬥群眾，搞政治大運動，殺人範圍更大、更廣，遍及全中國。

暴力社會主義與民主水火不容。

有了民主，暴力社會主義政權頃刻就會崩解，紅色暴君必須不斷地尋找「對立面」，不停地大搞鎮壓，將民主徹底控制，才能維繫他的紅色暴政。因此，毛澤東特別喜歡矛盾、鬥爭、運動、發展。他利用矛盾論奪取政權，又用矛盾論強固個人獨裁。奪取政權後，他依舊像奪取政權前一樣，不停地在人群中尋找「反動階級」，製造矛盾，煽動群眾鬥群眾。通過無產階級專政下的不斷革命，繼續革命，他的權威在對立統一、矛盾鬥爭、否定之否定中得到加速性的螺旋型上升。

當上千萬上千萬的「反革命」被鬥打致死，倒在血海裡，他的「絕對權威」被大樹特樹，他成了人民的大救星、偉大的領袖、偉大的導師、偉大的統帥、偉大的舵手——他成了普照萬物的「紅太陽」！他藉紅色恐怖逼迫愚民展開了對他的造神運動，七億民眾集體跳起了對他的忠字舞，紅海洋在氾濫。他用超越馬、恩、列、斯的鬥爭哲學，實現了他奴役惡霸暴力社會主義中國的政治目的。

中國的封建暴君為強固自己的獨裁統治，總是以「篡逆」、「謀反」、「訕上」罪殺人。毛澤東殺人，是「人民賦予他的權力」，他是「為了保護人民的利益」，而屠殺「反革命」。按照他的邏輯，中國共產黨代表中國人民，他是中國共產黨的最高領袖，他代表人民，他幹下的任何壞事，都代表著人民利益，從而他的喜、怒、哀、樂、醜言惡行、歪理強權、霸道，都閃耀真理，誰膽敢對他幹下的任何壞事稍有異議，就是反人民反革命反動派，他就要動用「人民民主專政」，代表人民，把「反動派」打垮。

其實，毛澤東式的暴行，是為暴力社會主義制度的性質決定的。既然共產黨的總目標是「實現全人類的解放」，社會主義國家的領袖自然是人民的化身，他幹下的任何壞事，都體現了人民的利益，誰敢反對他個人，就是反人民反革命，他就要用人民的專政，把反革命打垮。毛澤東如此，列寧、史達林如此，金日成、金正日、金正恩、如此，波爾波特如此。凡是暴力社會主義國家的領袖，個個都以人民的名義，犯下罄竹難書的駭人暴行。

凡是被毛澤東從政治上整倒整死的人，都是好人。地主、富農、資本家——生產力的推動者；國民黨是孫中山締造的中國第一個民主黨，卻把大批國民黨員和與國民黨有接觸的人槍殺。一個民主的、人民的政權，必須接受人民的監督，傾聽民眾的意見，集合主流民意，理政治國；卻把代表人民向共產黨提出批評的人一律以右派、反革命、反動派、牛鬼蛇神罪名鬥、關、管、殺。

一句話，被毛澤東共產黨從政治上鎮壓的「反動派」全是好人。任意殘虐、屠殺人民的毛澤東才是超級壞人，壓迫民眾的毛澤東共產黨集團才是真正的反動派！在暴力社會主義中國，好與壞，正與邪，真理與邪惡，善良與殘暴，被法律名正言順地倒置著，毛澤東用強大的「無產階級專政」，將這種倒置變成事實。

如果說暴行累累的史達林多少還給蘇聯搞了一點經濟建設，根本不懂經濟的毛澤東一生幹下的，全是壞事。

六、毛澤東思想批判

毛澤東思想在一個特定時期，曾是中國的「最高指示」，「指示了中國前進的方向」。那代表毛澤東思想的「毛選」，在文革瘋狂的造神歲月，曾被中國人當聖經反復誦讀。那一小本巴掌大六十四開紅塑皮的《毛主席語錄》，文革中中國人須人手一冊，對《語錄》中的聖訓，中國人須全部背誦。不知有多少人因背錯了《語錄》中的一個字或損毀了「紅寶書」的封皮，而被淪為現行反革命慘遭鬥打，甚至被槍殺。

毛澤東指著他的語錄說：孔子才講了那麼幾句話，就流傳千古；這本《語錄》比孔子講的話要多了——他的意思是說，他的紅寶書也會像孔孟腐學一樣，流傳千古。

毛澤東用他的「紅寶書」治理中國，將中國治成了人間地獄。毛澤東用他的「思想」指導波爾波特搞柬埔寨暴力社會主義，將八百萬柬埔寨人中的二百萬無辜者迫害致死，毛澤東思想，夠中國和全世界深刻批判。

馬克思和列寧，他們胡謅的那一大堆謬論，一個是妄圖獨裁世界的「主意」，一個是獨裁了蘇聯的個人惡霸「主意」——混合成了「馬克思列寧主義」。毛澤東的胡說，當然只能是他一個人的所思所想，一個人的胡思亂想，一個人的瞎思妄想——構成了「毛澤東思想」。

毛澤東一個人的譫思胡想，居然「指導中國革命實踐」幾十年，確實耐人尋味。站在今天的高度看「毛澤東思想」，其邪惡與反動本質畢顯。

文如其人。毛澤東思想，就像毛澤東本人，是具有以下特性的思想：

㈠、反潮流思想

近代世界是從封建社會向資本主義社會、從專制獨裁向自由民主過渡的世界，這種過渡匯合成了不可阻擋的社會潮流，也是人類歷史發展的大趨勢。孫中山順應時代潮流，發動了資產階級性質的辛亥革命，結束了中國兩千年的封建專制，建立了五權分立的民主政治國家——中華民國。因為袁世凱的復辟，孫中山的資產階級革命雖然暫告失敗，但孫中山締造的國民黨和國民黨領導的中華民國依然得到延續。

蔣介石的集權是迫於當時中國民智未開，為應對剿共和抗戰，經過了參眾兩院的特許，而非蔣介石個人的獨裁。相信，如果沒有毛澤東的農民造反，中華民國一定會循著軍政、訓政、憲政這條路線，最終在中國實施徹底的民主政治，引領工業經濟快速騰飛。

毛澤東以馬克思列寧主義煽動中國農民造反，趕走了孫中山的國民黨，代之以超封建式的暴力社會主義政權，使中國民眾全部淪為毫無自由和人權、遭受非人待遇的紅色奴隸，結束了國民黨在大陸的民主政治，凸顯了毛澤東思想的反潮流性和反動性。

中共建政後，毛澤東以其反動獨裁思想大搞一系列政治運動：以土改打倒引領封建經濟向資本主義經濟過渡的地主富農；以鎮反大肆屠殺無辜，強固獨裁；以打倒民族資產階級和改造個體工商戶運動扼殺了先進生產力，阻礙了經濟的發展；又以肅反鎮壓人民進一步強固了他的個人獨裁；以反右徹底扼殺了民眾對民主與自由的訴求，把代表先進知識和先進生產力的知識分子全部打翻；以反經濟規律的「三面紅旗」為口號的個人獨裁瞎指揮胡搞大躍進，徹底砸毀中國經濟；以反對資本主義復辟、批判資產階級反動路線、鬥垮走資派為口號搞文化大革命，動亂中國整整十年，迫使民眾掀起對他的造神運動，更加強固了他封建式的個人獨裁；以政治——他的「思想」——統帥一切，徹底堵截了中國經濟和生產力的發展。

世界潮流在前進，民主政治和工業經濟在加速發展，中國的政治經濟，卻被毛澤東用強權霸道拉向了大倒退。說到底，毛澤東思想是徹徹底底的反潮流思想。

㈡、農民造反思想

毛澤東毫不避違地說自己搞的是「農民革命」、「農民運動」、「痞子運動」、「農民戰爭」、「建立農村政權」——一句話，是農民造反——因為是農民造反，毛澤東就是要奪權當皇帝，建立封建王朝。

為了維護封建統治，因而他確立了一整套阻礙科學和生產力發展的「思想」。由於他的農民思想和封建帝王意識，必然導致大搞愚民政治。他提倡「愚公移山」、「農業學大寨」、「以糧為綱」、「農業是基礎」等一系列愚民思想和愚民政策，讓農民進駐學校，知識分子接受貧下中農再教育，工人和城市居民下放農村，支邊支內，阻止城市化發展，使中國始終成為農業國，並以「艱苦樸素」、「越窮越光榮」的農民思想，採用種種手法將中國拉向原始的貧困狀態，以維護他的封建野蠻統治。透過「社會主義」、「共產主義」、「解放全人類」等等華麗字句的掩蓋，「毛澤東思想」暴露出的，全是赤裸裸的、野蠻的農民思想和封建帝王意識。

㈢、獨裁惡霸思想

毛澤東是舉世聞名的大獨裁者和大惡霸，他的獨裁惡霸行為繫於他的獨裁惡霸思想。明明是自己要獨裁惡霸中國，卻大肆討伐國民黨蔣介石，罵國民黨蔣介石是「一黨專制」、「法西斯獨裁者」、「專制主義」、「壓迫人民」、「鎮壓人民」、「屠殺人民」，他必須從國民黨蔣介石手裡奪取政權，實行無產階級專政，鎮壓國內反動派。「我們也要磨刀」，用它殺反動派！他說。還未奪取政權，毛澤東的惡霸面目就畢露無遺。

政權即將到手，他就迫不及待地咆哮：他要在中國實行專政了——人民民主專政——無產階級專政！他要在中國實行獨裁——人民民主獨裁！他開始磨刀了。

政權一旦奪取，他立即向人民揮舞屠刀——鎮壓反革命！

「鎮壓反革命必須打得穩，打得準，打得狠……今年再由地方殺一批。」「某些地方存在著勁頭不足的偏向……應注意糾正。」「一定要鎮壓一切反革命。」（《毛選》卷五，四二、四三頁）

「解放」後的一系列政治運動：土改、鎮壓、肅反、三反五反、反右、大躍進、反右傾、四清、文化大革命——空前絕後的大鎮壓大屠殺——毛澤東都有一整套光芒四射的獨裁惡霸思想作「指引」。

暴力社會主義是以公有制和解放全人類為騙局的反人類反潮流反民主制度，決定了暴力社會主義國家的領袖個個都是壓迫、鎮壓、屠殺人民的超級大惡霸大獨裁者。

由於毛澤東是「為人民謀幸福」的「偉大領袖」，始終代表人民，他「解放」後幹下的一系列壞事——搞的一大串運動——就全部代表了革命路線，誰敢反對他，或稍稍流露不滿，甚至頌揚得不夠，他就一律冠以反革命、反動派、修正主義、資本主義、反動路線等等罪名，毫不手軟地加以批判、鬥爭、鎮壓、屠殺。「直到徹底消滅」。

這是封建暴君「順我者昌，逆我者亡」的邏輯。

毛澤東更進一步，他是「逆我者亡，順我者也亡」。

幹下了大躍進那樁大壞事，劉少奇和全國上下不敢指斥他，全都順從他，讓他退居二線，稍稍地從行動上糾正他的遺害，以固黨權，大家得益。他覺得這有損他獨裁者的尊嚴，立即掀起聲勢浩大的文化大革命，發表一系列反對資本主義復辟的「思想」，以走資派、資反路線、牛鬼蛇神的罪名鎮壓了一億多人，置劉少奇等二千萬人於死命。迫於威勢，林彪不得不順從他的惡霸脾氣，對他竭盡頌揚，他以「肉麻吹捧，別有用心，另立山頭，妄圖搶班奪權」的「罪名」，將「林彪死黨」逼向絕路。反對他，批評他，對他稍有不滿者，屬於反革命、反動派、右派、右傾；順從他，屬於極左、陰謀家、野心家、別有用心者——一律批判、打倒、鎮壓、屠殺。

「我們實行人民民主專政，或曰人民民主獨裁……」「我們……決不施仁政。」（〈毛選〉卷四，一四一二、一四一三頁）

毛澤東奪取政權前講的這段話，為他日後的獨裁霸道開闢了「思想」之路。

(四)、痞子惡棍思想

自己力量還弱，需要麻痹蔣介石時，與蔣介石結成統一戰線。時機成熟，把蔣介石列為「人民公敵」，號令殲滅。氣候未到，向蔣介石搖尾巴乞憐，頌揚孫中山三民主義，企圖從蔣介石手中分得權力一杯羹，要求蔣介石成立聯合政府，讓他毛澤東也進聯合政府任職；一旦農民武裝壯大，就把蔣介石指認為「中國第一名戰爭罪犯國民黨匪幫首領南京政府偽總統」，將其趕出大陸，由自己一人一黨成立超級獨裁的「人民政府」，壓迫、屠殺人民。

奪權前，指天發誓「發展資本主義幾十年不變」；奪取了政權立即把工人階級與資產階級的矛盾列為國內主要矛盾，打倒資本家，連個體工商戶也要改造。為敲山震虎，撲滅一切反對聲音，先放出話來，讓大家「幫黨整風」，「如果不這樣做，就有點像國民黨了」。一旦當人們提了意見，他就立即以右派罪，將全國所有「幫黨整風」的人，「聚而殲之」。

他指令劉少奇到第一線去，收拾他胡搞大躍進遺留下的「敗局」，明天就以此做為劉少奇的一項「大罪」，指使群眾把劉少奇鬥倒整死。他今天號召造反派打倒走資派，當走資派被造反派痛批猛打回到他的「革命路線」上後，他又讓走資派做為革命幹部官復原職，讓他們成立文攻武衛指揮部，把造反派做為反革命狠鬥狠打。

他今天叫你做的事情，就是他明天打倒你的口實。他今天的號召，就是他明天批判的目標。凡是被他以堅定的接班人捧起來的人，明天都會被他以野心家、陰謀家、反革命、反動派的罪名打下去。他是超級大痞子大惡棍，自然會有大痞子大惡棍的「思想」；是大痞子大惡棍的思想，指導了他大痞子大惡棍的行徑。

㈤、自相矛盾思想

既然是借用馬克思的社會主義革命的荒謬「主意」，在已經進行了資產階級革命的中國進行農民造反，推翻行使民主政治的國民黨政權，建立掛著社會主義招牌的反動、反潮流、反民主的超級封建王權，就必然要行騙、誆人。

騙子騙人，總會顯出破綻，露出馬腳，前言不連後語，自相矛盾。毛澤東的強盜騙子思想，就是這種自相矛盾思想。

迫於中國是農業國，毛澤東首先就肯定，他領導的「革命」是農民革命。只有資產階級革命才是民主革命，農民造反只能建立封建專制獨裁政權。而毛澤東卻把他的農民造反說成是民主革命——新民主主義革命——這種說法始終貫穿於他奪取政權前所有的「思想」裡。

農民造反是資產階級民主革命嗎？十足的騙子和自相矛盾思想！

毛澤東始終以延安為中心，盤踞在根本沒有工業的陝甘寧一帶貧窮的農業地域發起農民造反的。為順應馬克思的無產階級革命聖論，他卻說他的農民造反始終受到中國東部的上海等大城市的工人——無產階級的領導——實在不能自圓其說。

不管是雇農，還是貧農，都只能稱作農民，這是最普通的常識。也正是為了順應馬克思的「科學理論」，毛澤東把雇農稱為無產者、農村工人。這樣，他的農民造反就變成了無產階級革命，符合了馬克思的規定。

在他的「思想」裡，始終喋喋不休地罵國民黨是「一黨專政」、「法西斯獨裁」、「屠殺人民的反動政府」，他罵蔣介石是「背叛孫先生的不肖子孫，不是喚起民眾，將民眾的言論、出版、集會、結社、思想、信仰和身體等項自由權利剝奪得乾乾淨淨……我們希望這種顛倒是非的時代快些過去……中國人民將不能忍耐了。」（《毛選》卷三，一〇一九頁）而當他奪取了政權，立即實行他的個人獨裁和社會法西斯統治，揮舞無產階級專政屠斧和毒刑，瘋狂地屠殺、酷虐人民，人民的命運連奴隸和囚犯都不如——他幹下的暴行比他罵別人的要猛厲萬倍——十足的自相矛盾思想。

為「兌現承諾」，他後來果然也成立了「聯合政府」：

由他自己成立幾個「民主黨派」，組成「政治協商會議」，為他「參政議政」，替他的個人獨裁和共產黨的一黨專政投贊成票，唱頌歌。他不怕全世界嘲笑他，他有無產階級專政兇器和毒刑在手，國內人民反不了天；他照常自導自演搞「政治協商」，還說民主黨派自覺自願與共產黨「肝膽相照，榮辱與共」。

他主持制訂的《憲法》，提倡民眾有罷工、遊行、示威等一切自由，但民眾對他稍有不滿，甚至說錯一句話，他立即以反革命罪嚴酷鎮壓——他的「思想」實在矛盾。

他說「社會主義解放了生產力」，卻又說必須用政治——他的毛澤東思想——掛帥；提生產就是唯生產力論，堅決打倒——他用他的矛對他的盾……總之，他的「放諸四海而皆準」的「思想」，露出的全是紕漏、破綻、馬腳，他一手舉起盾，擋住了他另一手舉起的矛。

㈥、言行背離思想

他提倡的，正是他反對的；他號召別人做的，正是他堅決不做的；他批判的，全是他自己的所作所為；他讚揚的，也正是他最厭惡的；他罵的是別人——自己正幹著他痛罵的行為。他打倒的，不應該是別人——別人全是好人——而應該是他。

譬如，他提倡為人民報務，做人民的勤務員，而他始終在壓迫、鎮壓、殘虐、屠殺人民。他下旨不許調戲婦女，他自己每天都在淫嫖女人。他提倡唯物主義，自己卻大搞唯心主義。他說「我不信佛」，說明他正忙於上香拜佛求籤賜福。他堅決反對獨裁，自己卻大搞獨裁。他提倡艱苦樸素，自己卻生活腐化糜爛。他號召打倒一切反動派，自己正是反潮流反民主反人類的反動派。他罵民主的資本主義是帝國主義，自己建立的正是一個超級的封建帝國。他說「帝國主義（資本主義）一天一天爛下去，我們一天一天好起來」，正說明「資本主義一天一天好起來，社會主義一天一天爛下去」。他說馬克思列寧主義是真理，馬克思列寧主義必定是謬論。他罵國民黨是法西斯，恰恰說明國民黨是民主黨。他說共產黨代表人民，恰恰說明共產黨是反人民的黨。他說大躍進、文化大革命好，大躍進、文化大革命一定不好。他說右派是反動派，就說明右派是革命派。他說自己搞的是辯證法，說明他搞的完全是形而上學……因為他是反人民反潮流反民主的大暴君，又是大惡棍和大文痞，他的「思想」必定是言行背離黑白顛倒的一派胡謅亂侃。

毛澤東是大騙子、大無賴、大強盜，他的「思想」同時也就是騙子思想、無賴思想、強盜思想。「毛澤東思想」做為人類歷史上一個絕大的反面教材，將永遠遺臭人間。

七、鄧小平暴行

鄧小平是毛澤東的最忠實的助手和幫兇，他積極主動地幫毛澤東策劃和主持了一九五七年的反右，殘酷鎮壓了幾十萬被「引蛇出洞」的知識分子。毛澤東非常清楚，鄧小平是他的鐵心追隨，與他一樣，具有強烈的殺人欲，以屠人為能，只要握有霸權，能恣意縱欲，不惜與民為敵，留下千古罵名，毫無所謂，甚至熙熙乎樂。所不同的，是毛澤東根本不懂經濟，是擅搞權力鬥爭又死不認錯的無賴霸王。比較而言，鄧小平較為務實，略懂經濟。個性的相同和不同，天定他倆成為暴力社會主義中國兩個前仆後繼的鐵腕掌門人。

也正是個性相同中的不同，而毛澤東的命星比鄧小平大無數倍，註定鄧小平要在文革中被毛澤東列為中國二號走資派受到一番磨折。儘管，他真心誠意與劉少奇一起消弭毛澤東胡搞大躍進闖下的亂禍，全是為了鞏固毛澤東的強權，從而更牢靠地穩固他長久的顯爵，然而毛澤東不管他，毛澤東是極度霸道蠻橫的，如果他說錯了話，把「黑」說成了「白」，那麼黑必須永久從中國消失，白將成為黑，永久占領中國。誰若無意中損毀了他「偉大領袖」的絕對「正確性」，就是哥兒們，他照樣砍。鄧小平被當作文革的第二大靶子遭批判，就緣出於在大躍進和政治統帥一切上與他分道揚鑣。

林彪出事後，毛澤東任用鄧小平為副總理。任用鄧小平，其實是毛澤東的無奈。鄧小平的性格特徵決定了毛澤東死後暴力社會主義中國的鄧小平特色。

毛澤東死後，遺下了一批與毛澤東一起開國的占據中共黨、政、軍各界高層權力的老臣舊將，他們都是與鄧小平一條路線的擁鄧派，因而很自然地把沒有多少資歷的少壯派華國鋒推下臺，把鄧小平擁上中共權力核心，當中共軍委主席，這是板上釘釘的事情。

鄧小平年輕時曾赴法勤工儉學多年，憑他政治家的天賦智慧，耳聞目染，不會不知道資產階級民主政治的優越性，自由、民主與人權是當今世界潮流。他之所以毅然返國加入中共，而不加入國民黨，並協助毛澤東搞農民造反，是因為他看透了中國時勢，極度蒙昧的中國還將進入馬克思列寧式的暴力社會主義——封建專制的漫長的回光返照期——他將順勢而為，幫共產黨打下中國，在暴力社會主義中國掌一輩子權，揚威享福逞能。人只求活著逞兇稱霸，至於死後之名，他根本不在乎。

毛澤東死了。毛澤東造下的孽，犯下的罪，千夫所指。民眾已看出了共產黨的本質，但揭竿而起，尚需時日。要再搞毛澤東式的政治運動，非但不得人心，還會引發政變，甚至民眾暴動，與毛澤東同質不同格的鄧小平在暴力社會主義中國的轉捩點起到了他的作用：為毛澤東——名義上替「四人幫」——撥亂反正。

因為自己也曾被毛澤東戴過「走資派」帽子，遭受批判，富有同感，又急需籠絡人心，上臺後，鄧小平「糾正」了毛澤東犯下的冤、假、錯，為地、富、反、壞、右和反革命摘帽。經濟上，在農村，實施包產、包幹到戶，實際上就是否定土地國有，重新私分土地，回到資本主義形成前的農村經濟狀態。提倡允許一部分人先富起來。提出個體經濟是公有制經濟必要的、有益的補充——實際就是否定馬克思的公有制，重回資本主義私有制。

從改革之初的國營、集體、鄉鎮企業的廠長負責制——使工廠成為共產黨廠長的私家廠，各廠紛紛倒閉，工人下崗——後來，中共中央和國務院發出〈關於認真貫徹執行《全民所有制工業企業轉換經營機制條例》的通知〉：企業轉換經營機制的目標是：使企業適應市場的要求，成為依法自主經營、自負盈虧、自我發展、自我約束的商品生產和經營單位，成為獨立享有民事權利和承擔義務的企業法人——這樣，使全國幾乎所有的國營、集體、鄉鎮企業變成「合法的」私家廠。

這種轉變成了一九九四年中共國務院批轉國家體改委《關於一九九四年經濟體制改革實施要點》所說的「轉換國有企業經營機制，積極探索建立現代企業制度的有效途徑」。社會主義中國的國企、鄉企就這樣以低廉價轉移到了私人手中。像西方各資本主義國家一樣，中國的工業從頭開始，由私人——企業家——資本家來主導。中國由公有制經濟正式變成了私有制經濟。

歷史繞了一個圈，又回到原點：

中國的土地、工業經歷了馬、恩、列、斯、毛式的「剝奪剝奪者，一切收歸國有」的道路，最後又由鄧小平和共產黨交到農民、地主和資本家手裡。

鄧小平在事實上正式開始在中國掀起了發展資本主義的浪潮——毛澤東的農民造反本身就是對馬克思的嘲弄，鄧小平的私有化非但推翻了毛澤東的國有化「思想」，更是從根本上推翻了馬克思、列寧的社會主義經濟制度「理論」，讓社會主義的黑車，開上了不可阻擋的資本主義之路。鄧小平完全從行動上否定了社會主義的「真理性」，從事實上肯定了資本主義的真理性。

需要以公有制為名奪取政權，就搞公有制；奪取政權後，實在搞不成反規律的公有制，就轉搞私有制。無論怎麼搞，共產黨都握有「真理」。

這就是共產黨的科學社會主義實踐！

鄧小平懂得一點經濟，從「規律」上對馬、恩、列、斯、毛的胡作非為的公有制作了「撥亂反正」，那麼，鄧小平就應該按照政治規律，順應資本主義經濟基礎，變中國暴力社會主義的上層建築，為資本主義民主政治。他不是一再提要搞政治體制改革嗎？

鄧小平可不是葉爾欽，他沒這麼明智、善良。他嚐到了毛澤東當社會主義皇帝的甜頭，可不想在民眾嚴密監督下，戰戰兢兢當四年總統。他要像毛澤東一樣，終身獨裁，為所欲為，屠人綁掠，「一將功成萬骨枯」！

鄧小平的個性，決定了多災多難的中國民眾，仍須在暴力社會主義的火坑裡，遭受煎熬。

儘管此時的中國民眾，經過毛澤東暴政的洗劫，已脫開蒙昧，知道社會主義完全是一種胡搞、騙局、反動，只有資本主義才是中國唯一的前途。

因為是逆當今世界自由民主大潮搞反人類反民主的獨裁暴政，又披著解放全人類的社會主義華麗外衣，因而每一個獨裁者上臺，都必須有一套騙人的「主義」、「思想」、「路線」、方針、政策。

鄧小平的騙人一套是——

走中國特色的社會主義道路。實踐是檢驗真理的標準。堅持四項基本原則：必須堅持社會主義道路，必須堅持無產階級專政，必須堅持共產黨的領導，必須堅持馬列主義、毛澤東思想。

當前中國正處於社會主義初級階段。健全社會主義民主和法制。加強人民民主專政，保衛和促進以經濟建設為中心的社會主義現代化建設。實行對外開放，社會主義建設必須大膽借鑒、吸收人類社會包括資本主義的全部文明成果。

計畫和市場都是手段，社會主義也可以搞市場經濟；以公有制為主體，多種所有制經濟共同發展，是中國社會主義初級階段的一項基本經濟制度。

搞四個現代化一定要兩手抓：一手抓建設，一手抓法制。

改革政治體制。以經濟建設為中心，堅定不移地進行經濟體制改革，堅定不移地進行政治體制改革，堅定不移地加強精神文明建設，並使這幾方面互相配合。沒有一個安定團結的局面，就不可能搞建設。

整個農村改革的出發點和目標是發展有計畫的商品經濟。堅持四項基本原則，堅持改革、開放、搞活，是兩個基本點，兩者互相聯繫，缺一不可。

政治體制改革包括民主和法制；民主和法制是相關聯繫的；主要目標是發展，是擺脫落後；要做這樣的事，必須有安定的政治環境。保持廉潔，防止腐敗。科學技術是第一生產力。搞四化和改革開放，關鍵是穩定；壓倒一切的是穩定；中國不能亂，中國不允許亂……等等。

與奪取政權建立暴力社會主義政權並在建國後連續大搞政治運動的毛澤東「思想」相比，搞守成的鄧小平「理論」顯然要簡單多了。這個「理論」有許多條，但說穿了，就只有兩點：

第一，逆經濟規律的毛澤東的公有制已絕對行不通了，在中國只能搞資本主義經濟——市場經濟——但必須把名存實亡的社會主義公有制為主的招牌掛在前面，「明修棧道，暗渡陳倉」。

第二，我鄧小平和共產黨統治著中國——代表社會主義——必須堅持——穩定壓倒一切，安定團結；誰也不能反對我和社會主義——中國不允許亂——誰敢「動亂」，就動用無產階級專政，堅決鎮壓。

有毛澤東遺留給他的無產階級專政兇器：人民的軍隊、人民的員警、人民的法庭、人民的監獄，和五花八門駭人聽聞的毒刑，鄧小平什麼都不怕，什麼話都可以亂說亂講，他隨便胡說什麼，都是「科學理論」。

他推翻了馬列主義、毛澤東思想，一切向資本主義看齊，卻號召全國人民高舉馬列主義、毛澤東思想偉大旗幟。他明白，一旦毀了馬列主義、毛澤東思想，中國民眾就會起來砸毀共產黨政權，社會主義在中國頃刻就會土崩瓦解，他鄧小平的終身獨裁就會煙飛灰滅，甚至他會被揭竿而起的民眾推上斷頭臺。

中國特色的社會主義——包著資本主義餡心的中國社會主義——既然是「中國特色」，它隨便幹什麼，說什麼，一切歪行絕事，邪門惡道，都充滿精彩的特色，有了「法律保證」——

全是亮晃晃的好東西！

掛著社會主義招牌幹資本主義，經濟稍稍有了點發展，共產黨本性畢露，把國庫裝進腰包，大肆貪腐——社會主義初級階段嘛，哪能不出這樣那樣的問題？年幼的孩子能要求他十全十美嗎？社會主義初級階段長著呢！中共幹部貪污、腐敗、嫖娼，在所難免，誰敢帶頭反共，就是反對社會主義初級階段，就是反社會主義，反對搞四化，就要用無產階級專政——或人民民主專政，刀槍、棍棒、毒刑齊上，加以鎮壓！屠滅！

他的「鄧小平理論」，既強凶霸道，又講究「策略」：必須堅持四項基本原則：堅持社會主義道路，堅持無產階級專政，堅持共產黨領導，堅持馬列主義、毛澤東思想——概言之，由他鄧小平搞個人獨裁。

政治體制改革：包括民主和法制——「民主」寫在前面，做招牌，實質是法制。法制是什麼？無產階級專政。軍隊、槍炮、鐐銬、監獄、毒刑。無產階級專政歸共產黨抓，共產黨由鄧小平領導，無產階級專政也就由鄧小平掌握——歸根結柢，政治體制改革，就是加強他鄧小平的個人獨裁。

改革、開放、發展、搞活——一切必須服從穩定：強固中國暴力社會主義制度、加強無產階級專政、加強共產黨的領導，抓穩定，一句話——加強鄧小平獨裁。

星期五手握利劍，就掌握絕對真理。同毛澤東一樣，手執兇器的鄧小平隨便怎樣胡說八道，胡搞蠻纏，都迸射真理。

鄧小平統率中國共產黨，用暴力社會主義這個「機關」，殘酷壓迫和瘋狂掠奪民眾。飽受毛澤東、鄧小平、共產黨荼毒和磨劫的中國民眾已準備揭竿而起，推翻中共，爭取自由和解放。「六四」學潮掀起了！鄧小平發洩屠民欲，調動軍隊——他已調動不了已有民主理念的軍隊，勉強用騙術調來了一支「楊家軍」[2]——用機槍和坦克殘殺了無以數計手無寸鐵的大學生，以屠城宣告了「平暴」的「徹底勝利」。

這是東方睡獅蘇醒後的第一聲嘶吼，也是它掙脫專制牢籠奔向自由的第一次騰躍。蒙昧的中國懷抱自由女神，試圖擺脫專制，向著民主自由發出第一步衝刺。鮮血洗亮了中國民眾的眼睛。鄧小平以屠城宣告了自己的勝利，然而血將燃成燎原大火，就要燒毀中國最後一個專制的共產王朝。

之後又有鄧小平臨死前的一九九二年「南方講話」。「南方講話」要點有四：一、一個中心，兩個基本點；二、「發展才是硬道理」；三、再次強調「科學技術是第一生產力」；四、要堅持兩手抓，一手抓改革開放，一手抓打擊各種犯罪活動，這兩隻手都要硬。

「南方講話」完善了鄧小平「理論」。

2　指當時楊尚昆、楊日冰掌握的解放軍。

做為除毛澤東之外的中國暴力社會主義的第二任霸王、獨裁者、屠夫和騙子，反潮流反人民的鄧小平也有「講對話」的時候。例如「科學技術是第一生產力」，「發展才是硬道理」。喋喋不休的魔鬼平時都把「真理」掛在嘴上。不錯，當代經濟，科學技術是第一生產力，發展是硬道理。但當代工業經濟必須有民主政治的上層建築做導引，才能真正體現科技的力量，實現經濟的發展，你鄧小平搞的中國特色社會主義是反民主反人類的極端專制獨裁的暴力社會主義政治，是封建的獨裁政權，它以一人一黨的獨裁、權力經濟、權力尋租、大肆貪腐嚴重阻滯了工業經濟的發展，這樣的政治制度非但搞不出世界最先進的科學技術，即使搞出了，也不能完全加速生產力的發展，發展不是暴力社會主義中國的硬道理，腐敗與貧窮才是暴力社會主義中國的邪道理。

「實踐是檢驗真理的標準」——不是鄧小平的首創，鄧小平抄襲了毛澤東《實踐論》中的一句話：「真理的標準只能是社會的實踐。」十分明確，毛、鄧的話就是說：實踐等於真理，真理出於實踐。馬、恩、列、斯、毛搞的是共產主義實踐，他們一致認定自己的共產主義實踐是絕對真理，故而，毛、鄧就得出了實踐等於真理這個「標準」。

實踐是檢驗真理的標準嗎？不是。實踐，就是「做」，做的事情，不都是正確的，罪惡也是人做出來的，例如法西斯殺人，日軍侵略中國，毛澤東胡搞的大躍進和文革，鄧小平的「六四」屠城也是「實踐」。正確嗎？錯了！實踐以後的結果，這個結果被檢驗是甜的、好的，就是真理，大家於是都照著這個事實去做並加以發展。事實才是檢驗真理的標準。毛、鄧的實踐即真理標準說，完全是為他們的暴政和暴行作辯護，是他們行兇作惡施暴的辯護詞。因而「實踐是檢驗真理的標準」，是十十足足的歪理邪說，事實證明資本主義是人類歷史終端最民主的社會制度；東歐劇變，蘇聯解體，僅剩的中國、朝鮮、越南三個暴力社會主義國家早已四面楚歌，行將毀滅——事實已證明，暴力社會主義是人類歷史上最後一個最專制腐朽最沒落的反動政治制度。

鄧小平用他屠城的鮮血，為他的實踐——暴行和罪惡人生——寫下了一個駭人的驚嘆號。人類社會的發展已用事實檢驗出：鄧小平理論同毛澤東思想和馬列主義一樣，是徹徹底底的謬論和謊言！

八、江澤民短評

「六四」學潮給他帶來好運。北京學潮洶湧，全國各大城市都群起回應，自由民主之火，已四處燃燒，唯有上海一片平靜。時任中共上海市委書記的江澤民因「領導能力卓越」而被鄧小平選進中央，擔任中共第三代領導「核心」。

他很想搞些出色的共產主義「理論」，但共產主義的胡言亂語都被前輩馬、恩、列、斯、毛、鄧說絕了。手操毛、鄧傳遞給他的無產階級專政兇器，他總算胡謅出了幾句「與時俱進」

的共產主義謊言：

——以公有制為主體，多種所有制經濟共同發展，是我國社會主義初級階段的一項基本經濟制度。

——鄧小平理論做為馬克思主義同當代中國實踐和時代特徵相結合的產物，是毛澤東思想在新的歷史條件下的繼承和發展，是當代中國的馬克思主義，是馬克思主義在中國發展的新階段。

——高舉馬列主義、毛澤東思想、鄧小平理論偉大旗幟。

——中國共產黨的三個代表性：代表中國先進生產力的發展要求，代表中國先進文化的發展方向，代表中國最廣大人民的根本利益。

——「三個代表」要求同馬克思列寧主義、毛澤東思想、鄧小平理論一脈相承，反映了當代世界和中國的發展變化對黨和國家工作的新要求。貫徹「三個代表」要求，關鍵在堅持與時俱進，核心在保持黨的先進性，本質在堅持執政為民。

——堅持解放思想、實事求是的思想路線，把保持黨的先進性和發揮社會主義制度的優越性，落實到發展先進生產力、先進文化、維護和實現最廣大人民的根本利益上來。

——抓住機遇、深化改革、擴大開放、促進發展，保持穩定，堅定不移地實現我們的奮鬥目標。

——「三個代表」重要思想豐富和發展了馬列主義、毛澤東思想和鄧小平理論，是我們黨理論創新的最新成果，是加強和改進黨的建設，推進我國社會主義制度自我完善和發展的強大思想武器。

——中國共產黨是工人階級的先鋒隊，同時是中國人民和中華民族的先鋒隊，是中國特色社會主義事業的領導核心，代表中國先進生產力的發展要求，代表中國先進文化的發展方向，代表中國最廣大人民的根本利益；黨的最高理想和最終目標是實現共產主義；中國共產黨以馬列主義、毛澤東思想、鄧小平理論和「三個代表」重要思想為行動指南，「三個代表」重要思想是黨必須長期堅持的指導思想。

虧他的龐大智囊團絞盡腦汁，讓他唱出這幾句用中國文字硬拼湊出來的極其響亮又令人噁心的謊言。民眾罵：的的確確，中國共產黨正在與時俱進地大貪特貪，大嫖特嫖！共產黨的「三個代表」是：代表最反動的生產力，代表最沒落的文化，代表貪腐集團的根本利益！做為幾千萬中共貪腐大盜的領頭虎，江澤民貪得最凶，腐敗得最猛！

掌握著規模龐大的軍隊、員警、監獄、刑具，手握鋥亮的槍桿子和閃光的刀把子，他十分豔羨先皇毛澤東和鄧小平，能隨心所欲地屠殺民眾和學生，他也真想發洩一下屠殺欲，來個「一將功成萬骨枯」，於是他連「法輪功」都來了個殘酷鎮壓。

這是講文明嗎？不，這是講「穩定」。「法輪功」其實是以練功的方式躲避共產黨統治的黑暗現實，任其發展，規模龐大了，「法輪功」很快就會演化成「打倒共產黨」的集會遊行。絕不能讓「六四」重演！

一手緊握無產階級專政兇器，一手彈著「與時俱進」與「三個代表」的惡臭謊言，他躺在酒池肉林、花山舞海裡，總以為他此生還不會見到社會主義的末日。他哪裡會想到，他正躺在即將噴發的火山頂上。

九、胡錦濤短評

為了替中共平定藏亂，他一次就殘忍地殺害了無以數計的藏人，為此他獲得了鄧小平的高度讚賞與信任。「六四」以後，鄧小平覺得十分必要有這樣的超級劊子手守護中國暴力社會主義江山，於是他被鄧小平選為中共第四代領袖。

民眾對胡錦濤的評價是：他終生泡在共產黨的蜜汁裡，對共產黨感恩不盡，盡忠效勞；他是絕對的暴力社會主義中國的守護者、看門人——儘管，他知道暴力社會主義最終會被資本主義替代，但他抱有僥倖心理，認為暴力社會主義在中國至少三十年不變，甚至五十年都不會變，他此生必獲安然。即使會變，他也絕不想當葉爾欽式的偉人，寧可當暴力社會主義的「殉道者」——遺臭萬年，死而無憾。

他不停地提升將銜，增強軍、警、特、保，增設監獄和精神病院，發明最酷烈的刑具，監押隨時都會揭竿而起的中國民眾，艱難地維護著民主潮流猛烈衝擊下隨時都會倒塌的暴力社會主義王朝。因為人們畏懼他手執的刀槍、鐐銬、監獄及五花八門的毒刑，四周的人對他一片假意頌揚，但在當面對他的一片頌揚聲中，人們背後卻罵他是中共的「末代類書記」、中國封建王朝的真正的「末代類皇帝」！

民眾給他取了個外號：「修補匠」。他雙手緊執無產階級專政兇器，整日照看著這座早已徹底衰朽的暴力社會主義中國破廈。哪裡有漏洞，他趕忙去補漏；哪裡有裂縫，他加緊去堵裂；哪裡有暴亂，他急忙派軍隊去鎮壓；哪裡有騷動，他立即派員警去圍截。他雖然看去像儒生，但藉著現成的專政兇器在手，他搞鎮壓這一手特別「硬」。他刀槍、鐐銬、監獄、毒刑齊上，「把一切動亂撲滅在萌芽狀態」，根本不考慮民眾明天會以其人之道還治其人之身。他整天奔忙於各地，或慰問、或勉勵、或嘉獎，一副真心誠意、體察民情的樣子——這一切，都說明了暴力社會主義中國早已極度不穩定，必須用虛假的笑和體貼去做毫無作用的安撫。然而這些又能延緩多久呢？冰凍三尺，非一日之寒。人算不如天算，這座註定要毀亡的早已徹底蠹朽的破廈越修補，就越會增強它毀亡時的烈度！

高唱共產主義謊言，他總覺有江郎才盡之感，總算勉強唱出幾句：

——聚精會神搞建設，一心一意謀發展。

——能不能落實立黨為公、執政為民這個本質，是衡量有沒有學懂、是不是真心實踐「三個代表」重要思想的最重要的標準。

——全面建設小康社會，開創中國特色社會主義事業新局面、實現中華民族偉大復興。

——落實科學發展觀、加強黨的建設。增強處置突發事變的能力。
——反腐倡廉，要標本兼治，懲防並舉，加大從源頭上防治腐敗的根本舉措。
——抓緊建立健全與社會主義市場經濟體系相適應的教育、制度、監督並重的懲治和預防腐敗體系。
——正確處理改革發展穩定的關係，推動社會主義物質文明、政治文明和精神文明的協調發展。
——保持共產黨員先進性。
——構建社會主義和諧社會。

民眾早已形成了條件反射，習慣性地從反面去評析中共的每一句謊言：

「聚精會神搞建設，一心一意謀發展」——就是說：民眾們！統治的事，貪腐的事，由我們共產黨幹，你們只管注視自己的雙手和腳尖，一心一意幹活，「謀建設求發展」，若要管我們共產黨的「閒事」，我們立即把動亂撲滅在萌芽狀態！

「保持共產黨員先進性」——用「保持共產黨員先進性」的高調來對衝民眾對共產黨最貪污腐敗反動的痛罵。

「構建社會主義和諧社會」——暴力社會主義中國早已危機四伏，亂象環生。民眾們，你們對共產黨要「和」，構建「和諧社會」，如果指責我們，甚至造反，就是搗亂和諧，我們就堅決用鎮壓來保持「和諧」。

立黨為公，執政為民——就是共產黨員都在立黨為私，執政為己，這才是真正的「三個代表」！

共產黨講的，全是批判自己的反話。

胡錦濤整理「江澤民思想」，要把它發向全世界。這樣，就使江澤民與馬、恩、列、斯、毛、鄧作了「連結」，以後再來一個「胡錦濤思想」，保證了「中國特色」的無限伸展。民眾說：江澤民確實早就有了「死相」，共產黨早就死了，中國共產黨早該亡了！

據說，胡錦濤本人（不包括他的家屬）並不貪腐，但他卻保護和領導著一個窮凶極惡變本加厲狠貪猛腐人數日益龐大的貪腐集團，幾千萬巨貪大盜揮舞閃亮的利斧，日夜不停地瘋狂砍劈著早已朽蠹就要毀塌的共和國破屋。並且，這個為世界民主潮流不齒的反人類的專制團夥正在加速製造著毀滅自己的社會矛盾和拼命挖掘著早已挖掘好了的埋葬自己的墳墓。

乾柴早已聚集。火山即將噴發。

一根引信已經點燃……

十、習近平短評

二〇一二年十二月，中共召開十八大，早被胡錦濤欽定的習近平接任中共中央總書記。毫無例外，由於共產黨領袖幹的全是反潮流的壞事，因而必須用喋喋不休的謊言為他層出不窮的暴行作掩蓋。於是以王滬寧為首的謊言製作團夥為習近平編織了如下的「理論創新」：

㈠、中國夢

「實現中華民族偉大復興，就是中華民族近代以來最偉大的夢想。」「中國夢的本質是國家富強、民族振興、人民幸福。」「家是最小國，國是千萬家。」習近平說。

中國夢的最大特點，就是把國家、民族和個人做為一個命運共同體，把國家利益、民族利益和每個人的具體利益緊緊聯繫在一起，體現了中華民族的「家國天下」情懷。

中國夢歸根到底是人民的夢。

「實現中國夢必須走中國道路、弘揚中國精神、凝聚中國力量。」

只有中國特色社會主義才能發展中國、穩定中國，這是一條通往復興夢想的康莊大道、人間正道。

中華民族一家親，同心共築中國夢。

實現「兩個一百年」奮鬥目標和中華民族偉大復興的中國夢思想，是對鄧小平「三步走」戰略思想的整合、提升。

鄧小平提出了中國社會發展的「三步走」戰略：第一步，解決溫飽問題；第二步，進入小康階段；第三步，用五十年左右時間進入中等發達國家行列。

習近平在繼承鄧小平「三步走」戰略思想的基礎上，既考略其任期內的戰略問題，也思考未來長遠發展的戰略問題，二者有機結合，即實現「兩個一百年」奮鬥目標和中華民族的中國夢。

㈡、「四個全面」

全面建成小康社會、全面深化改革、全面依法治國、全面從嚴治黨。「四個全面」，是「我們黨治國理政方略與日俱進的新創造、馬克思主義與中國實踐相結合的新飛躍」。是繼毛澤東、鄧小平理論之後中共的政治綱領。

「四個全面」是一個大系統，每一個「全面」是一個小系統，彼此之間相互依存、關係遞進。全面建成小康社會是奮鬥目標，是中國特色社會主義的根本指向；全面深化改革是「關鍵一招」，為中國特色社會主義注入強大動力；全面推進依法治國是根本保障，為中國特色社會主義保駕護航；全面從嚴治黨確保黨始終成為中國特色社會主義的堅強領導核心，是新常態下波瀾不驚、破浪前行的壓艙石。

堅持「四個全面」，為推動改革開放和社會主義現代化建設邁上新臺階、開創新局面，提供了頂層設計和戰略導引。

㈢、社會主義核心價值觀

富強、民主、文明、和諧、自由、平等、公正、法治、愛國、敬業、誠信、友善。

謊言已經說盡了，習近平又把毛澤東的「群眾路線」、「代表人民」這八個字，掛在嘴上，反復宣講。

不管謊言說得多麼天花亂墜：民主呀，文明呀，自由呀，平等呀，一句話：「確保黨始終成為中國特色社會主義的堅強領導核心。」

領袖指揮黨，誰敢反對黨，就要實施「法治」，進行專政！對中共「愛國、敬業、誠信、友善」吧，與中共「和諧」，是每一個公民的根本。

中共的貪腐太兇猛了，若不敲山震虎，壓一壓，習近平難保皇位。對此，習近平有危機感。習近平剛上任，發誓黨要管黨，從嚴治黨，以猛藥去屙，重點治亂，用刮骨療毒、壯士斷腕的勇氣，深入進行黨風廉政建設和反腐敗鬥爭。

對貪官，要老虎蒼蠅一起打。開弓沒有回頭箭，反腐沒有休止符。也確實被他捉了一批貪官。

絕對的專制造就絕對的腐改。

中共官場，人人都是貪官，幾千萬貪官大盜，捉了幾千個，九牛一毛，毫髮無損，「開弓沒有回頭箭」，當初射出去的箭，如今已成強弩之末，習近平的反腐，抵今已黯然收場。

更何況，中共歷來都是借反腐整肅異己，習近平亦不例外。例如重慶市委書記薄熙來，實非大貪，只因其「打黑」、「唱紅」，鼓吹「重慶模式」，名聲鵲起，得讚聲一片，有另立山頭，與習近平爭權之嫌，遂被習近平借反貪整肅，跌入深淵，萬劫不復。

與薄熙來有私交曾與薄熙來密謀要「大幹一場」的原中共政治局常委周永康因此也被偵查判刑，與周永康有牽連的南京市委書記楊衛澤緊接著被偵查收監。

而與楊衛澤有關聯的原江陰市委書記朱明陽在八年江陰任內貪賄了一千個億，但因其是習近平的親信李源潮的線上人，反而升任揚州市長，榮顯已極。

今年五月，被捲入巴拿馬洩露事件的中共政治局常委即有半數，中共國務院部長級官員更是不計其數，他們都未獲糾查，被習近平保護。因此習近平的反貪，僅是一場鬧劇、笑劇。

中共的大貪，如周永康、徐才厚、郭伯雄等，貪賄數均有數千億，但結案時都「縮水」成了一、二個億，而且從來沒有一個大貪被判處死刑，中共利用反貪造假，為自己塗脂抹粉，說明這個黨早已病入膏肓，不可救藥。

為了給自己的統治填基築牆，習近平挖空心思，居然從垃圾坑裡把罪惡滔天惡名遠播遺臭萬年的毛澤東挖出來，做為一面旗幟大肆頌揚。民眾說：習近平要走毛澤東的路，說明他也已經死了。

習近平是爐火純青的官二代，他的父親習仲勳是赤膽忠心出生入死扶助毛澤東搞農民造反在中國建立紅色暴政的開國元勳，因此他的軀體與靈魂裡蓄滿不可置換的紅色基因，堅信共產黨統治中國乃國情所繫，「中國特色」萬世不易，因而便有了他的「兩個一百年」的中國夢。

他已選定了他的下一任接班人——秉鄧小平之命暗殺了班禪十世的胡春華。

習近平是毛澤東的傳人，確信自己「代表人民」。既然代表人民，必然招致敵人反對，為了「保護人民」，就必須鎮壓敵人。因此，「代表人民」的他就必須牢牢掌握人民民主專政，用槍桿子保政權。

「確保刀把子牢牢掌握在黨和人民手中。」他說。

「以憲治國」、「以法治國」，把一切顛覆政權的動亂撲滅在萌芽狀態。凡敢有六人聯合上訪，都以動亂罪把他們緝捕，嚴刑拷打。

凡聚眾批評共產黨，就加以「顛覆」罪把他們拘繫，酷刑整治。

某報一位記者，因為說了句「習近平應該下臺」，而遭逮捕，至今下落不明。畢福建因為說了句「我們被他（毛澤東）害苦了」，而被逐出央視，四處流浪，衣食無著。軍隊、公安、暴警、監獄、精神病院、毒刑……全都用來對付手無寸鐵的民眾。民眾對中共怒目噴火，卻不敢聚眾反抗。

習近平接手的，是中共數十年暴政遺留給他的千孔百瘡危機深重痼疾滿身的爛攤子。數年前中共為攫取暴利大肆出售土地推升起造樓狂潮，致使房產過剩中國遍布空樓鬼穴，房市泡沫破裂導致房地產上下鏈產業全線崩潰，工廠掀起倒閉潮，工人大批失業；消費不振致使第二第三產業嚴重萎縮，中國陷入經濟衰退的惡性循環中。全世界認定中國政局將變，人民幣大幅貶值，外資逃離中國，難以承受的苛稅使愈來愈多的廠主選擇關廠歇業，中國工業更加凋敝，失業率陡增，中國墜入危機深淵。

朱鎔基的「高薪養廉」，胡、溫的大幅提升事業單位的工薪收入造成的民眾貧富懸殊，如今在習近平因分配不均民眾收入差距被更加拉大。

數千萬貪官照樣狠貪猛腐，合夥盜搶國家入不敷出的財政和金庫；百分之五的權貴、裙帶、特權階層拼命掠奪百分之九十五的民眾；中共各級貪官私分以各種名目從國有銀行獲取的騙貸。房產商因房地產泡沫破滅撩給銀行的巨額壞賬；為填補銀行的壞賬和越來越大的財政缺口，中共依舊加足馬力印發紙幣，加速通膨與人民幣貶值，驅動內資、外資逃向國外。中共統治者繼續暴富，酒池肉林，嬪妃成群，貧民向窮困的地獄滑落，民眾憤慨已極，怒不可遏，摩拳擦掌準備著早在「六．四」就已爆發而比「六．四」規模大萬倍的覆滅中共的大起義。

共產主義是貧窮的產物，發達的工業經濟必然產生民主政治；自由民主是當今世界的潮流；一個工業化了的國家不可能被一個農耕專制的皇帝統治。習近平看不到這點。他的思維不能超越共產黨的樊籬。

他抱在手裡的，是前任遺傳給他的有著十三億民眾即將舉行起義的大火藥桶。他坐在這只火藥桶上沾沾自喜，得意忘形。

夢想，就是不能實現的空想、妄想、胡思亂想。是夢想終要破滅。

習近平的中國夢是一場春夢、惡夢、黃粱美夢、南柯一夢。

更要命的，是習近平誤認為他「領導」的中國已經「崛起」，成了遲早會稱霸世界的超級大國和最大贏家，若少了中國，世界各國就不能生存，於是他有恃無恐，竟以「自古以來」的名義和自以為掌握「宇宙真理」，惹事南海，搦戰臺灣，豈不知他只要一挑動戰亂，就會「後院起火」，引發國內民眾大起義，軍隊倒戈，中國這只火藥桶就會大爆炸，徹底覆滅中共。

第七章

儒學批判與構建中華民族新精神

第七章　儒學批判與構建中華民族新精神

中國封建專制歷久不衰，及暴力社會主義之能長久霸占中國，與中國根深柢固的儒學基因不無關係。研究中國之命運，不能不涉及研究儒學，剖析儒學的內在，揭去其仁義道德的面紗，徹底暴露其奴化民眾及強固專制王權的本質。要在中國建立永久自覺的民主政治，徹底扼死專制意識的死灰復燃，使自由、民主與人權永沐中華，就必須完全剔除中國的儒學基因，建構中華民族新精神。

第一節　儒學批判

一、儒學的由來與形成

提起儒學，總奉孔子。後世甚至有把儒學稱為儒教、孔教，實在是神化了儒學，可見中國奴性之深。後世追推儒學其源，總以孔子為首，尊孔子為儒學創始人。

孔子（前五五一～前四七九），春秋末期思想家、教育家、政治家。此時周朝鼎盛期早已過去，列國鼎立，戰亂頻起，敗象已生。正如孔子自己所言：「天下有道，禮樂征伐自天子出；天下無道，則禮樂征伐自諸侯出。」此時的周朝，已到了禮樂征伐自諸侯出的時候。做為一個有思想觀點的凡人，他不知道這是中國由奴隸社會到大一統封建社會的必要過渡，而渴望重返文、武，再現堯、舜，使周朝萬世不變，人間永沐太平。為此，他提出「仁」的觀念。

「仁」即「愛人」，仁可使「己所不欲，勿使於人」。大家都「仁」了，就可以不再爭戰、攻伐，天下太平，人人都享安樂。「己欲立而立人，己欲達而達人」，以孝悌為仁之本。「仁」的執行要以「禮」為規範。整個社會都被「禮」嚴格規範、管制了，人人都被框架在「禮」的制約中，於是攻與戰不會再有，堯、舜時代復回人間。「克己復禮為仁」。要達「仁」，就必須維護貴族等級秩序，也要重視一般人。政治上提倡「君權神授」、「天子受命於天」、「正名」說，「君君、臣臣、父父、子子」，一級服從一級，社會森然有序，憲章文、武，才能從政治統治上，使社會確保和平狀態。「不患寡而患不均，不患貧而患不安」，是他提出「仁」、「禮」、「祖述堯舜、憲章文武」的出發點。孔子的這些思想代表了當時文人和思想家永保周室鼎盛、防止列國相爭，治理社會使人間萬世太平的政治態度和辦法。

孔子絕對沒有想到，他對學生平時講的一些以「仁」為中軸的謹防周室衰微、阻止列國爭戰、渴望重返堯、舜的極其平庸的話，竟然被後世整理出來，會被數百年以後的中國封建社會逐漸加進其他許多內容，編織成儒學，奉為中國文化主脈，奴化百姓，強固王權。

孔子以後又有孟子。孟子（前三七二～前二八九）生於戰國末期，對孔子的說教更作了盡力的發揮。他反對武力兼併，極力主張「法先王」、「行仁政」，指出「勞心者治人，勞力者治於人」這一歷史事實。

孟子的說教經後世整理，被中國封建社會做為孔子說教的佐證，充實了孔子學說。孔子被奉為「至聖」，孟子則被尊為「亞聖」，後世因有「孔孟」之說。

儒學與儒家被後世列為「九流」之首，成為中國封建社會文化主流，統治中國學術思想兩千年，實為孔孟始料不及。說穿了，孔孟的「仁」、「德」、「善」與「仁政」、「法先王」思想，並不為春秋末與戰國時代所需，卻為中國封建社會所需。

第一，中國的封建帝王亟需「天命」說為其強固王權，並以「仁」與「仁政」為自己作粉飾，蠱惑民眾。

第二，封建權貴希望用「刑不上大夫，禮不下庶人」及「勞心者治人，勞力者治於人」的教條顯示自己「天然」與百姓有不同的等級，安享榮華富貴。

第三，封建文人亦喜歡以布滿「仁」、「德」、「善」倫理的文章炫耀自己的文采，考試入第，進入社會上流，牟取俸祿為生；他們更喜歡正統的封建王朝奉行「仁」、「德」的「仁政」，確保萬世永昌，避免戰亂，以使自己安度終生。

第四，中原地大物博，地理安定，百姓以家庭為單位，辛苦勞作，即可獲生存，他們希望有一個「受命於天」、施「仁政」的王權用強力維護各人的利益，因而民眾極度信奉孔孟，崇尚集權。為維護統治權威，民眾群體間互相攻訐、惡鬥，達到登峰造極的地步，而廣袤平坦的中原又極易於使王權一下攫取。

上述四者合力，促就儒學一統中國，成為奴化民眾，強固王權，維護封建秩序的理論武庫。

儒學的內容主要繫於四書五經。其實四書五經中的許多篇章根本與孔孟無涉。四書五經包括：四書：《大學》、《中庸》、《論語》、《孟子》；五經包括：《周易》、《尚書》、《詩經》、《禮記》、《春秋》。

四書五經中，只有《論語》一篇才是孔子言論的記錄。而就是這篇《論語》，亦是孔子弟子及其再傳弟子關於孔子言行的記錄，其中已添了孔子弟子及再傳弟子自己的見解及自己言論的插入，而已全非孔子當時的真實言論。西漢時有今文本的《魯論》和《齊論》及古文本的《古論》三種。西漢末安昌侯張禹據《魯論》參考《齊論》編出定書，號《張侯論》。今本《論語》係東漢鄭玄混合《張侯論》和《古論》而成。這樣歷經許多年，經不少人一編再編，一改再改，《論語》就混入了許多迎合王統的成分。而已非全部孔子原意了。

《大學》，原是《禮記》的一篇，約為秦漢之際儒家作品。宋代從《禮記》中把它抽出，與《論語》、《孟子》、《中庸》合為「四書」。提出明明德、親親民、止於至善的三綱領和格物、致和、誠意、正心、修身、齊家、治國、平天下的八條目，成為南宋以後理學家講倫理、政治、哲學的基本綱領。

《中庸》，原是《禮記》中的一篇。相傳戰國時子思作。內容肯定「中庸」是道德行為的最高標準，把「誠」看作是世界的本體，認為「至誠」則達到人生的最高境界。宋代從《禮記》把它抽出，參入「四書」。

《孟子》，戰國時孟子及其弟子萬章等著，一說是孟子弟子、再傳弟子的記錄。《漢書·藝文志》著錄十一篇，現存七篇。相傳另有《孟子外書》四篇，已佚，今本《外書》係明人偽作。書中記載了孟子及其弟子的政治、教育、哲學、倫理等思想觀點和政治活動。宋代把它與《大學》、《論語》、《中庸》合為「四書」。

《周易》，亦稱《易經》。「易」有變易、簡易、不易三義，相傳係周人所作，故名。內容包括《經》和《傳》兩部分。《經》主要是六十四卦和三百八十四爻，卦、爻各有說明，做為占卦之用。舊傳伏羲畫卦，文王作辭，說法不一。《傳》是對《經》最早的解釋，舊傳孔子作。據近人研究，大抵係戰國或秦漢之際的儒學作品，並非出自一時一人之手。

《尚書》，「尚」即「上」，上代以來史書。相傳由孔子編選而成。事實上有些篇如《堯典》、《皋陶謨》、《禹貢》、《洪範》等是後來儒家補充進去的。西漢初存二十八篇，即《今文尚書》。另有傳說漢武帝時在孔子住宅壁中發現的《古文尚書》和東晉梅賾所獻的偽《古文尚書》兩種。現在通行的《十三經注疏》本《尚書》，就是《今文尚書》與《偽古文尚書》的合編。

《詩經》，中國最早的詩歌總集。編成於春秋時代，共三百零五篇，分為「風」、「雅」、「頌」三大類。據《史記》等記載，《詩經》係孔子刪定，近人多疑其說。漢代傳《詩》者魯、齊、韓、毛四家。魯、齊、韓三家為今文詩學。《毛詩》為古文詩學，盛行於東漢以後。魏晉後通行的《詩經》就是《毛詩》，有東漢鄭玄《毛詩箋》，唐孔穎達《毛詩正義》，清陳奐《詩毛氏傳疏》等。宋朱熹《詩集傳》則雜採《毛詩》、《鄭箋》，間有三家詩義。

《禮記》，秦漢以前各種禮儀論著的選集。據說由孔子弟子及其再傳、三傳弟子等所記。相傳西漢戴聖編纂，今本為東漢鄭玄注本。內有《曲禮》、《檀弓》、《王制》、《月令》、《禮運》、《樂記》等四十九篇。

《春秋》，編年體春秋史。相傳孔子依據魯國史官所編《春秋》加以整理修訂而成。起於魯隱西元年（西元前七二二年），終於魯哀公十四年（前四八一年），計二百四十二年，為今所傳最早的編年體史書。

四書五經中，除《春秋》可初定為孔子依據魯國史官所編《春秋》加以修訂而成，另有《尚書》亦傳由孔子編選而成，而做為孔子言論的《論語》，亦不由孔子親筆所撰，而由其弟子及再傳弟子對孔子言論的「記錄」，其餘各篇，均由前人、後人、孔子弟子及再傳弟子所撰所編所纂。史稱，先有「五經」，即《詩》、《書》、《禮》《易》、《春秋》。

五經始稱於漢武帝時（西元前一四一～前八七）。「四書」則稱於宋代。宋代以《孟子》升經。又以《禮記》中的《大學》、《中庸》兩篇，與《論語》、《孟子》配合。至淳熙間（一一七四～一一八九），朱熹撰《四書章句集注》，「四書」之名始立。至此，「四書五經」也才成為中國封建社會的一個最完備的教科書、宣傳封建宗法思想的理論依據和指導人們行為的理論規範。

儒學是一種「勢」，一種「流」，一種「潮」，是封建文人借孔子的「牌頭」，順勢而為，雜採眾說，組合成的封建倫理思想體系，用以團聚、粘合、凝固中國封建社會的上上下下，終因其過度保守而致中國的發展遠遠滯後於世界，專制陰魂至今不散。

二、儒學整體內容簡述

儒學是一個綜合體，集合眾家學說，合為一個系統，始漢武帝罷黜百家，獨尊儒學後，其學說逐漸成為中國封建社會文化主流，在我國宋朝完全定型，真正起到弘揚中國封建文化，蒙蔽中國的開放意識，阻礙自明朝以後資本主義經濟在中國的萌芽和發展。因此，絕不能將四書五經中的各個局部隔離開來，各個作獨立看待。四書五經是做為一個整體，起到發散、輻射、教化和影響作用。

做為一個體系，儒學經典的「四書五經」的中軸體現為「仁」，輔以「德」和「善」。其支脈為：禮、義、廉、恥、信；忠、孝、節、義、誠；溫、良、恭、儉、讓——是做人的準則。「三綱五常」和「三從四德」是主要的等級關係和綱常標準。和、合、同、孝是全社會人際關係的最高境界。凡行事，須先「正名」。人的守則是「中庸」。人民的楷模：伯夷、叔齊。政治上，君王應施「仁政」。要平治天下，須「法先王」，「祖述堯、舜，憲章文、武」。「勞心者治人，勞力者治於人」。全社會的人，必須「克已復禮」，用《禮記》將全社會所有的人的行為加以規範。君權「受命於天」。「天下為公」。

根據上述分類，以下對儒學內容擇要作一鋪陳。

（一）、「仁」、「德」、「善」

仁。「人而不仁，如禮何？人而不仁，如樂何？」（《論語．八佾》）「子曰：『里仁為美。擇不處仁，焉得知？』子曰：『不仁者不可以久處約，不可以長處樂。仁者安仁，知者利仁。』子曰：『唯仁者能好人，能惡人。』子曰：『苟志於仁矣，無惡也。』子曰：『……君子去仁，惡乎成名？君子無終日之間違仁，造次必於是，顛沛必於是。』」（《論語．里仁》）「民之於仁也，甚於水火。水火，吾見蹈而死者矣，未見蹈仁而死者也。」「當仁，不讓於師。」（《論語．衛靈公》）。

德。「大學之道，在明明德，在親民，在止於至善。」「道盛德至善，民之不能忘也。」「君子先慎乎德……德者本也。」（《大學》）「德不孤，必有鄰。」（《論語．里仁》）「小德川流，大德敦化，此天地之所以為大也。」「大德必得其位，必得其祿，必得其名，必得其壽。」（《中庸》）

善。「道善則得之，不善則失之矣。《楚書》曰：『楚國無以為寶，惟善以為寶』。」（《大學》）「窮則獨善其身，達則兼善天下。」「善政，不如善教之得民也。善政民畏之，善教民愛之。善政得民財，善教得民心。」（《孟子．盡心上》）「善不積不足以成名，惡不積不足以滅身，小人以小善為無益而弗為也，以小惡為無傷而弗去也。」（《周易．繫辭上》）

（二）、禮、義、廉、恥、信；忠、孝、節、義、誠；溫、良、恭、儉、讓

「子貢曰；『夫子溫、良、恭、儉、讓以得之。』」（《論語．學而》）「知、仁、勇，

三者天下之達德也。」（《中庸》）「上好禮，則民莫敢不敬；上好義，則民莫敢不服；上好信，則民莫敢不用情。」「子曰：『剛、毅、木、訥，近仁』。」（《論語．子路》）「恭、寬、信、敏、惠。恭則不侮，寬則得眾，信則人任焉，敏則有功，惠則足以使人。」（《論語．陽貨》）「仁、義、禮、智，非由外鑠我也，我固有之也。」「仁、義、忠、信，樂善不倦，此天爵也。」（《孟子．告子上》）「君子所性，仁、義、禮、智根於心。」（《孟子．盡心上》）「忠信，禮之本也。義理，禮之文也。無本不立，無文不行。」（《禮記．禮器》）「為人君，止於仁；為人臣，止於敬；為人子，止於孝；為人父，止於慈；與國人交，止於信。」（《禮記．大學》）「父慈，子孝，兄良，弟悌，夫義，婦聽，長惠，幼順，君仁，臣忠，十者謂之人義。」（《禮記．禮運》）

（三）、三綱五常，三從四德

「孔子對曰；『君君、臣臣、父父、子子。』公曰：『善哉！信如君不君，臣不臣，父不父，子不子，雖有粟，吾得而食諸？』」（《論語．顏淵》）「君臣、上下、父子、兄弟，非禮不定。」「國君扶式，大夫下之。大夫扶式，士下之。」（《禮記．曲禮上》）「父子之道，君臣之義，倫也。」（《禮記．禮器》）「男帥女，女從男，夫婦之義由此始也。」「婦人，從人者也，幼從父兄，嫁從夫，夫死從子。」「婦人無爵，從夫之爵。」（《禮記．內側》）「父父子子，兄兄弟弟，夫夫婦婦而家道正。正家而天下定矣。」（《周易．家人》）

（四）、和、合、同、孝

「禮之用，和為貴……知和而和，不以禮節之，亦不和也。」（《論語．學而》）「大樂與天地同和，大禮與天地同聲。和，故萬物不失……如此，則四海之內合敬同愛矣；禮者，殊事、合敬者也；樂者，異文、合愛者也。」「樂者，天地之和也。禮者，天地之序也。和，故百物皆化。」（《禮記．樂記》）「君子和而不同，小人同而不和。」（《論語．子路》）「今天下車同軌，書同文，行同倫。」（《禮記．中庸》）「和也者，天也之達道也。致中和，天地位焉，萬物育焉。」（《禮記．中庸》）「四海之內，皆兄弟也。」（《論語．顏淵》）「其為人也孝悌，而好犯上者，鮮矣……孝悌也者，其為人之本與。」（《論語．學而》）「堯舜之道，孝悌而已矣。」（《孟子．告子下》）「舜其至孝矣，五十而慕。」「三年無改於父子之道，可謂孝矣。」（《禮記．坊記》）

（五）、正名

「必也正名乎……名不正，則言不順；言不順，則事不成；事不成，則禮樂不興；禮樂不興，則刑罰不中；刑罰不中，則民無所措手足。故君子名之必可言也，言之必可行也。」（《論語．子路》）「不在其位，不謀其政。」（《論語．泰伯》）「政者，正也。子帥以正，孰敢不正？」（《論語．顏淵》）

（六）、中庸

「君子中庸，小人反中庸。」「中庸其至矣乎！民鮮能久矣！」「天下國家可均也，爵祿可辭也，白刃可蹈也，中庸不可能也。」（《中庸》）「君子引而不發，躍如也。中道而立，能者從之。」（《孟子．盡心上》）「君子尊德性而道問學，致廣大而盡精微，極高明而道中庸。」（《中庸》）。

（七）、民之楷模：伯夷、叔齊

「『伯夷、叔齊何人也？』（子）曰：『古之賢人也。』」（《論語．述而》）「逸民：伯夷、叔齊……子曰：『不降其志，不辱其身，伯夷、叔齊與。』」（《論語．微子》）「伯夷，非其君不事，非其友不友，不立於惡人之朝，不與惡人言。」（《孟子．公孫丑上》）「聖人，百世之師也，伯夷、柳下惠是也。」（《孟子．盡心下》）「伯夷、叔齊不念舊惡，怨是用希。」（《論語．公冶長》）

（八）、仁政

「今王發施仁政，使天下仕者皆欲立於王之朝，耕者皆欲耕於王之野……其若是，誰能禦之。」（《孟子．梁惠王上》）「不以仁政，不能平治天下。」「天子不仁，不保四海。諸侯不仁，不保社稷。」「國君好仁，天下無敵。」（《孟子．離婁上》）「不仁而得國者有之矣。不仁而得天下，未之有也。」（《孟子．盡心下》）「堯、舜帥天下以仁，而民從之。」「為人君，止於仁。」（《大學》）「為政以德，譬如北辰，居其所而眾星共之。」（《論語．為政》）「行仁政而王，莫之能禦也。」（《孟子．公孫丑上》）

（九）、法先王

「為政不因先王之道，可謂智乎……欲為君盡君道，欲為臣盡臣道，二者皆法堯、舜而已矣。」（《孟子．離婁上》）「先王之道，禮樂可謂盛矣。」（《禮記．樂記》）「子曰：『……吾學周禮，今用之，吾從周。』」「仲尼祖述堯、舜，憲章文、武；上律天時，下襲水土……辟如四時之錯行，如日月之代明。」（《禮記．中庸》）「儀刑文王，萬國作孚。」（《禮記．緇衣》）「子曰：『周監於二代，鬱鬱乎文哉！吾從周。』」（《論語．八佾》）「穆穆皇皇，宜君宜王。不愆不忘，率由舊章……受福無疆，四方之綱。」（《詩經．假樂》）

（十）、勞心者治人，勞力者治於人

「無君子莫治野人，無野人莫養君子。」「『勞心者治於人。治於人者食人，治人者食於人。』天下之通義也。」（《孟子．滕文公上》）「民可使由之，不可使知之。」（《論語．泰伯》）「唯上智與下愚不移。」（《論語．陽貨》）「唯女子與小人為難養也，近之則不孫，遠之則怨。」

（《論語・陽貨》）「禮不下庶人，刑不上大夫。刑人不在君側。」（禮記・曲禮上））

（十一）、克己復禮。《禮記》

「克己復禮為仁。一日克己復禮，天下歸仁焉。」「非禮勿視，非禮勿聽，非禮勿言，非禮勿動。」（《論語・顏淵》）「為國以禮。」（《論語・先進》）「興於《詩》。立於禮。成於樂。」（《論語・泰伯》）「君子三年不為禮，禮必壞。」（《論語・陽貨》）「無禮義，則上下亂。」（《孟子・盡心下》）「民之所由生，禮為大，非禮無以節事天地之神也。非禮無以辨君臣、上下、長幼之位也，非禮無以別男女、父子、兄弟之親，昏姻疏數之交也。」（《禮記・哀公問》）「聖人以禮示之，故天下國家可得而正也。」（《禮記・禮運》）「凡治人之道，急莫於禮。」（《禮記・祭統》）

《禮記》（句摘）：

「道德仁義，非禮不成。教訓正俗，非禮不備。紛爭辯訟，非禮不決。君臣、上下、父子、兄弟，非禮不定……今人而無禮雖能言，不亦禽獸之心乎……」

「……見父子執，不為之進，不敢進；不謂之退，不敢退；不問，不敢對。此孝子之行也。」

「大夫、士出君門，由闑右，不踐閾。」

「男女不雜坐，不同枷，不同巾櫛，不親授……」

「國君撫式，大夫下之。大夫撫式，士下之。」（《曲禮上》）

「執天子之器，則上衡；國君，則平衡；大夫，則綏之；士，則提之。」

「君有疾飲藥，臣先嘗之。親有疾飲藥，子先嘗之……」

「天子崩，三日，祝先服；五日，官長服；七日，國中男女服；三月，天下服。」（《檀弓下》）

「道路，男子由右、婦人由左，車從中央。」（《王制》）

「子事父母：雞初鳴，鹹盥漱，櫛、縰笄、總、拂髦……婦事舅姑，如事父母：雞初鳴，鹹盥漱……」

「在父母、舅姑之所，有命之，應『唯』，敬對，進退周旋慎齊……」

「……父母怨，不說，而撻之流血，不敢疾怨，起敬起孝……」

「飯：黍，稷，稻，粱，白黍，黃粱……酒：清，白羹食：自諸侯以下以至庶人，無等……」（《內則》）

「父命乎，『唯』而不『諾』，手執業則投之，食在口則吐之，走而不趨……」（《玉藻》）

「為人臣下者，有諫而無訕，有亡而無疾。頌而無諂，諫而無驕……」（《少儀》）

「天尊地卑，君臣定矣。卑高已陳，貴賤位矣……男女無辨則亂升……」

「故先王之喜怒，皆得其儕矣：喜則天下和之，怒則暴亂者畏之。先王之道，禮樂可謂盛矣！」

「三年之喪，言而不語，對而不問，廬堊室之中，不與人坐焉……」（《東征》）

「三年之喪，以其喪拜。非三年之喪，以吉拜。」（《雜記下》）

「始卒，主人啼，兄弟哭，婦人哭踴……既正屍，子坐於東方，卿、大夫、兄弟、父兄、子姓立於東方。……夫人坐於西方……」（《喪大記》）

「居處不莊，非孝也。事君不忠，非孝也。蒞官不敬，非孝也。朋友不信，非孝也……」

「……孝有三：小孝用力，中孝用勞，大孝不匱……」

「……父母全而生之，子全而歸之，可謂孝矣……」（《祭義》）

「政者正也。君為正，順百姓從政矣。君之所為，百姓之所從也。君所不為，百姓何從？」（《哀公問》）

「……君子遠色以為民紀，故男女授受不親。御婦人則進右手。姑、姊、妹、女子已嫁而相反，男子不與同席而坐。寡婦不夜哭……」（《坊記》）

「始聞親喪，以哭答使者，盡哀；問故，又哭盡哀。」

「齊衰，望鄉而哭。大功，望門而哭。小功，闕門而哭。緦麻，即位而哭。」（《奔喪》）

「夫三年之喪，天下之達喪也。」（《三年問》）

「投壺之禮：主人奉矢，司射奉中，使人執壺。……退，反位，揖賓就筵。」（《投壺》）

「鄉飲酒之義：主人拜迎賓於庠門之外，入，三揖而後至階，三讓而後升，所以致尊讓也……」（《鄉飲酒義》）

「故射者，進退周還必中禮。內志正，外體直，然後持弓矢審固；持弓矢審固，然後可以言中，此可以觀德行矣。」（《射義……》）

（十二）、君權受命於天

「舜其大孝也與！德為聖人，尊為天子，富有四海之內。」（《中庸》）「天降下民，作之君，作之師。惟曰其助上帝，寵之四方。」（《孟子．梁惠王下》）「『天無二日，民無二王。』……『普天之下，莫非王土，率土之濱，莫非王臣。』」「萬章曰：『堯以天下與舜，有諸？』孟子曰：『否。天子不能以天下與人。』『然則舜有天下也，孰與之？』曰：『天與之。』『天之與者，諄諄然命之乎？』曰：『否。天不言，以行與事示之而已矣。』曰：『以行與事示之者如之何？』曰：『天子能薦人於天，不能使人與天下……昔者堯薦舜於天而天受之，暴之於民而民受之。故曰：天不言，以行與事示之而已矣……』舜相堯，二十有八載，非人之所能為也，天也。」「天與賢，則與賢；天與子，則與子。昔者舜薦禹於天……禹薦益於天。」（《孟子．萬章上》）「惡居下流而訕上者。」（《論語．陽貨》）「王曰：『嗚呼！我生不由命在天？』」（《尚書．西伯戡黎》）「是訓是行，以近天子之光。曰天子作民父母，以為天下王。」（《尚書．洪範》）「王乃初服……其曰『我受天命……』」（《尚書．召誥》）「王曰：『……非予罪，時惟天命』。」（《尚書．多士》）「文王在上，於昭於天。周雖舊邦，其命維新。有周不顯，帝命不時。文王陟降，在帝左右……上帝即命，侯于周服。侯服于周，天命靡常……」（《詩經·文王》）「皇矣上帝，臨下有赫……萬邦之方，下民之王……不識不知，順帝之則。」（《詩經·皇矣》）「維天之命……文王之德之純。」（《詩經·維天之命》）「天命玄鳥，降而生商，殷宅土芒芒。」（《詩經·玄鳥》）「天子將出征，類乎上帝。」（《禮記·王制》）「天子者，與天地參，故德配天地，兼利萬物，與日月並明，明照四海而不遺微小。」（《禮記·經解》）「惟此文王，小心翼翼。昭事上帝，聿懷多福。厥德不回，以受方國。」「唯天子受命于天。」「昔三代明王，皆事天地之神明。」（《禮記·表記》）「昔在上帝，文王之德，其集大命於厥躬。」（《禮記·緇衣》）

（十三）、天下為公

「大道之行也，天下為公，選賢與能，講信修睦，故人不能獨親其親，不獨子其子；使老有所終，壯有所用，幼有所長，矜寡、孤獨、廢疾者皆有所養……」「故聖人以禮示之，故天下國家可得而正也。」（《禮記·禮運》）。「桀紂之失天下也，失其民也。失其民者，失其心也。得天下有道：得其心，斯得民矣。」（《孟子·離婁上》）「民為貴，社稷次之，君為輕。」（《孟子·盡心下》）

儒學——四書五經，凡一千六百頁，一百一十萬字——句摘如上。

三、儒學本質探析

儒學的內容，比聖經要動聽千百倍。它猶如霓裳羽衣曲，聲聲入耳。它又像天女散花，十分撩人眼目。它比海市蜃樓，還要美麗無數。你聽：仁、德、善、孝、禮、義、廉、恥、信、和、合、同、仁政、法先王、祖述堯舜、憲章文武、天下為公……這個人間，充滿禮儀，上下和合，人人溫良，處處樂音，真可謂是天堂盛景，已是到了大同天境。這種境況，哪個不想爭取，誰人不與追求？儒學，天下之至學也！

儒學提的規則，人人都能執行嗎？

不能。

首先帝王不須執行。

儒學是「聖人」之作。「聖人」替天行道，而創設儒學，以規矩教育下民。而「天」在人間由誰代表？由天子代表。「天子受命於天」，「事天地之神明」，「天子者，與天地參，故德配天地，兼利萬物，與日月並明，明照四海而不遺微小。」天子「類乎上帝」，故「天子之所以治天下也」。

宇宙由上帝創造，宇宙萬類皆在上帝「制度」下運行，上帝絕對是獨裁的。而天子在人間與上帝類，統治萬民，是天子之職責，「禮樂征伐自天子出」，「居下流而訕上者」，為「惡」——十惡不赦，「刑不上大夫」，刑罰都由天子制定，刑自然更不能上天子。這樣，天子就成了人間的獨裁者，是獨裁者自然不可能「仁」，「德」、「善」，搞「仁」，「德」、「善」也成不了獨裁者。

是獨裁者，必然任心任意，為所欲為，無法無天，驕奢淫逸，殘民、虐民、害民、屠民。因而，十分明顯，儒學是維護獨裁專制暴政的邪學惡學，它為封建帝王津津樂道，珍愛有加，奉為「國學」、「顯學」，桎梏民眾，就十分自然了。

既然儒學維護專制獨裁，把「天子」奉為「上帝」，天子的任何胡作非為皆「受命於天」，為什麼儒學反反復復又要宣揚「仁政」呢？

這是欺蒙人的。儒學若不把「仁政」掛在嘴上，就不能行於世間。它在把「仁政」說得天花亂墜的同時，堂而皇之地塞進了「受命於天」的王權，於是在海市蜃樓的包圍中，支撐起王權堅實的大廈。事實上這是封建帝王——如漢武帝等——指示並默許御用文人這麼辦的，目的是為了用儒學蒙蔽國民，任意讓他們行施專制暴政。

偏偏蒙昧的中國愚民喜歡儒學這麼做。他們希望有一個極強的王權來維護他們各自的利益，但他們又希望聽到帝王為自己的暴行說好話。

中國民眾向來是極虛偽的，並且希望別人也虛偽。譬如去親朋家，明知主人不留飯，自己告辭出門，卻喜歡聽主人說：「在這裡用飯吧！」主人客套話說得越多越好聽，自己聽了也愈覺得舒心。如果主人連一句虛偽客套話都不說就辭客，客人會說主人不禮貌不客氣無知識，而十分生氣，甚至兩人反目成仇。引伸到政治上，當暴君在行暴時大談「仁政」，民眾會說這位暴君很文明，「禮賢下民」，他今後會變得仁慈起來的；而當暴君行暴時直截地說自己是在行暴，因為他是獨裁者，獨裁者就該行暴，民眾就會說這個獨裁者是暴君，不文明，講話不好聽，而心生怨憤。

中國的國性與外國不同，儒學是摸準了中國的民性，在極力推崇獨裁王權的同時而大放「仁政」謊言的。因而我們可以看到：在儒學「仁政」的掩護下，封建統治者們揮舞屠刀，每日每時都在大片大片地剁砍民眾；創制出聞之令人毛骨悚然的百般酷刑，待候「犯人」；處死犯人，腰斬、挖眼、割舌、沉河、活埋、枷死、剝皮、磔刑（千刀萬剮）、油煎、彈琵琶（用利刃將犯人胸肉剖去，活活將其肋骨一根根剔出，受刑者死去復醒數十回）、五馬分屍、碎屍萬段……一人犯法，十家連坐；因對皇帝有微詞，而被指「訕上」，株連無數；甚至用「索隱法」加害民眾：一考官央引用《詩經》中「維民所止」為考題，被雍正疑為「雍正去頭」而以「謗上」罪，遭受戮屍梟身，滿門抄斬；一書生因無意撰寫「清風不識字，何得亂翻書」而被指為譏諷大清王朝，遭斬首棄市，家屬株連；越級上訴，先杖三十，致人死命……封建帝王，哪個不與民為敵，時時刻刻在酷虐百姓、加害民眾，嗜殺蒼生？這是「仁」、「德」、「善」、「仁政」、「已所不欲，勿施於人」、「已欲立而立人，已欲達而達人」嗎？

在一個「君權神授」「受命於天」的專制獨裁制度下，除了有獨裁者胡作非為的施暴自由，民眾根本不可能得到仁、德、善、仁政的待遇。既要維護並強固專制獨裁，又高唱「仁」、「德」、「善」、「仁政」，必是在製造愚弄百姓和驅使百姓為自己當牛做馬的騙局。

「仁」、「德」、「善」、「禮」——其實是專制暴政對民眾的要求。民眾互相之間都「仁」、「德」、「善」、「禮」了，他們就都成了「溫、良、恭、儉、讓」的謙謙君子，都沒有了黑白是非，沒有了個性，沒有了稜角，日出而作，日入而息，「不識不知，順帝之則」。民眾對皇帝都「仁」、「德」、「善」、「禮」了，他們也就都成了良民、順民，任皇帝坐騎、驅使、鞭打、屠戮。「仁」、「德」、「善」、「禮」——置百姓於帝王任意酷虐的犬民之道也！

法先王。祖述堯、舜。率由舊章——堯舜是原始社會首領，那時還沒有王，儒聖孔、孟卻稱堯、舜為王，是否係「無知」——儒學「圓滿」已是中國封建社會中後期，儒學大師們卻要把潮流拉向倒退，要「類乎上帝」的「天子」祖述堯舜，把封建中國的臣民變為原始社會的初民——好極了！中國的民眾們，快來誦讀儒學吧！你們都要像原始初民一樣，平和，無爭，糊塗，「不識不知，順帝之則」，緊跟你們的獨裁皇帝，讓他好好地治理你們！

中庸——大家都不偏不倚，不做出頭椽子，不提意見，不造反，不搞科學發明、旁門左道，帝王霸業於是乎萬世隆昌矣！

和、合、同、孝——君子和而不同。不必不同，只須和。和即合，不犯上，忠君，即孝也者。無爭，無辯，親親，善善，尊天子為上帝，任天子驅遣、肆掠，如此，則四海之內，皆兄弟也。

三綱五常，三從四德。君君臣臣父父子子，一級統治一級，一級服從一級，做為社會人際聯繫紐結的婦女，被壓制在社會最下層，不許動，不許言。全社會人眾全被綱常和倫理作了嚴密隔絕，還形得成什麼社會力量抗衡「聖上」？不須費力，「受命於天」的帝王便能一統天下，成就千秋霸業。

「勞心者治人，勞力者治於人」。天下分草民與智者兩類。前者養後者，被後者所統治，天經地義。刑針對前者，禮針對後者。皇統天下，百代不變。

全社會的人必須以伯夷、叔齊為師。伯夷、叔齊是反對武王滅商、堅決維護現制度、避居山林、與人世隔絕、不食周粟而死的一對古怪兄弟。如果人人都學伯夷、叔齊隱身世外，「不在其位，不謀其政」，且拼命維護現制度，封建統治，不用鎮壓，就可萬世永昌。

天下為公——既然「普天之下，莫非王土，率土之濱，莫非王臣」，天下是帝王的家天下，帝王能做到天下為公嗎？其實在儒學中這是一個極為含混的詞。與其說是叫帝王「天下為公」，還不如是在叫老百姓「天下為公」，叫天下的老百姓為「公」——為帝王的家天下服務，一齊向帝王跪下，頂禮膜拜，山呼萬歲。封建時代的中國有「公」嗎？應該把「天下為公」，改成「天下為民」、「天下為眾」、「天下為人」才對。

「天下為公」——讀上去，誰都覺得是要天下老百姓服從帝王這個含義。毛澤東與中共的「大公無私」、「公而忘私」、「一心為公」、「立黨為公」，是儒學「天下為公」的翻版與創新。

全社會的人與事，君臣父子、長老孤幼、夫婦男女、走路行車、婚喪嫁娶、坐立臥居、怎樣喝酒、吃那幾種糧食、如何投壺、如何射箭……都必須嚴格遵照《禮記》去做，「非禮勿視，非禮勿聽，非禮勿言，非禮勿動」，人人都忠孝節義仁、禮義廉恥信、溫良恭儉讓，都是不偏不倚、執中而立的謙謙君子，那麼帝王不必「制度」，就可「類乎上帝」，「天子萬歲」了！

儒學用繁麗的字、詞、句、章，為封建帝王構築了一座高聳入雲堅如磐石的權力金字塔。看，整個社會，女必須從夫，子必須從父，民必須從官，官必須從君——全社會受帝王一人專制——一座不可搖撼的屬於帝王的等級森嚴的權力金字塔，就這樣被儒學萬古不易地堆砌成了。父錯了，子亦不可諫父，否則，則遭父撻；世世代代的生民，都必須從父，從祖宗；照這樣辦，人類能進化嗎？只能永遠停滯在原始初民狀態。政治上，祖述堯、舜，憲章文、武，法先王，「率由舊章」，社會不能向前走，只能永遠向後看，封建專制，千秋永享。

生民是奴隸，「禮不下庶人」；達官是顯貴，「刑不上大夫」；天子是「上帝」，「禮樂征伐自天子出」，天子惡霸、獨裁、酷虐、屠戮百姓，皆「受命於天」，帝王霸權，永世不易。在儒學嚴格的管制下，中華民族能不內斂、僵化、凝滯、落後、倒退？

如此儒學，帝王自然歡迎，必把它奉為國學向民眾大加弘揚。達官顯貴也歡迎，因為「勞心者治人」，「刑不上大夫」，「民可使由之」。文人為奉迎帝王，進入官場，享受俸祿，自然竭力用儒學粉飾自己，並大肆宣揚儒學，以做為進身之階。極度虛偽蒙昧、外忠內奸、極善內鬥的中國奴隸又渴望有一個鐵腕的王權來維護他們各自的利益，他們竭力讚頌儒學。因而儒學自然而然地成了中國的皇學、官學、民學，成為中國的國學、中國文化的主流。

對儒學的維護王權本質，太平天國的農民領袖是看得很清楚的。「推勘妖魔作怪之由，總追究孔丘教人之書多錯。」（《太平天國》（二）六三五頁）太平軍所到之處，將孔廟悉數打毀，焚燒詩書。在太平天國的律令條禁中規定：「凡一切妖書如有敢念誦教習者，一概皆斬。」「凡一切妖物、妖文書一概毀化。如有私留者，搜出斬首不留。」（《太平天國》（三），二三二頁）太平天國開科取士時，有的考官因為出了四書五經的試題而被殺。凡買賣者皆處斬。

到了太平天國晚期，洪秀全一反從前，下旨說：「孔孟之書不必廢，其中有合於天道情理亦多。」（《太平天國》（六），七九四頁）

造反時為推翻清朝王權，就反儒；立國後為鞏固自己建立的王權，就尊儒。一反一尊，說明了儒學是實實在在的維護封建王權的不可缺少的理論武庫。

一劑由「仁」、「德」、「善」、「仁政」等等華采詞章組合成的麻醉藥，將中華民族沉沉地麻醉成了幾千年不醒的中華睡獅。

其實，儒學就是中國國性的顯現和提煉，是中國民族心理的集萃，是中國的皇魂、官魂、民魂、國魂。「以忍為上」，「難得糊塗」，「與世無爭」——是中國人的箴言。

「天不生仲尼，萬古長如夜」。中國人居然如此說。

可以說，如果沒有孔孟，中國也會創造出同樣性質內容的儒學，來欺騙自己，麻醉自己，奴役自己。對於儒學的本質，魯迅說：「孔夫子之在中國，是權勢者們捧起來的。」（魯迅：《在現代中國的孔夫子》）陳獨秀說：儒學「與帝制有不可離散的因緣」，「尚不改弦而更張之，則國力將莫由昭蘇，社會永無寧日。」（陳獨秀：《敬告青年》）民主先知們斥責三綱五常為「吃人的禮教」。「蓋共和立憲，以獨立、平等、自由為原則，與綱常階級制為絕對不相容之物，有其一必廢其一。」

儒學對民眾有如此大的蠱惑性和欺騙性，對專制獨裁有如此大的保護性，無怪乎在民主潮流浩浩蕩蕩的今天，強固專制獨裁的中共依舊對它百般尊奉，非但把它弘揚於國內，還把它當作國寶，在世界各地「展覽」——靡費浩繁巨資，在世界各國設立許許多多的孔子學院。中共還以儒學為模版，創制出自己的新版：「鄧小平理論」、「共產黨先進性」、「人民民主專政」、「只有共產黨才能救中國」（天命）；以及「安定團結」、「穩定壓倒一切」、「中國不能亂」、「聚精會神搞建設，一心一意謀發展」、「構建和諧社會」（和、合、同）；等等等等。在掠奪民眾的同時，不擇手段地用儒學欺騙民眾。

事實是檢驗真理的標準，事實也是檢驗謬論的標準。

請問：為什麼發明了儒學的中國，至今還被一人一黨的暴力社會主義所統制，經濟如此落後，民眾深陷水火？而沒有儒學的許多世界強國，早在上個世界甚至更早就已實現了經濟騰飛，人民享有廣泛的自由、民主與人權，並且國勢蒸蒸日上？

中國的歷史和現實早已檢驗出：孔孟儒學是害人害民害國的妖學、歪學、邪學，是麻醉中國的迷魂之學，是助長王權獨裁殘虐民眾的惡學、暴學，不把儒學為幫凶吃人而遮掩的迷人面紗一層一層揭去，從民眾的心理上剔除根深柢固的儒學基因，中國將很難與帝制分離，實現自由的騰飛。

終歸儒學是中華民族的思想、文化、精神在特定歷史時期的顯現，其中仍包含著不少閃光的合理合規很律的具有民族特質的內容，概而言之，只有徹徹底底認清、掇透、剔除了儒學的奴隸意識，皇權基因、腐朽本質、反動思想，才能真正承繼中華民族的優秀文化遺產，毫無羈絆地弘揚智慧、深邃、博大、極富創造力的中華民族的思想、文化與精神。

第二節　構建中華民族新精神

一、儒學與中國民智

我們已知，儒學之所以在中國生根，絕非偶然。最好的學說，如果民眾不予受納，它亦不能得到推廣，即使推廣了，最終仍會消匿；最壞的學說，民眾願意受納，就能得到推廣，並深入人心，儒學如此，「毛選」在文革中被當作紅寶書，呈紅海洋在中國氾濫，亦如此。

中國的地理環境催生出了迷醉人心、自欺欺人、眼花繚亂、不易識破的精神枷鎖——儒學，將民眾桎梏。直截地說，儒學是中國民眾心靈的生成物，是中國民眾心靈在思想和文化上的投影，封建帝王之能放手弘揚儒學，儒學之所以在中國有廣闊的市場，與中國民眾對儒學有強烈的需求欲，密不可分。因而我們可以看到，世界上除了中國，其他任何一個國家都沒有生成過儒學和類儒學，儒學之能成為中國的土特產，原因在中國具有極度蒙昧和奴性的民性。

蒙昧與奴性的中國民眾催生並受納了儒學，儒學的久傳與長盛不衰又驅使中國的民眾更加蒙昧和奴性，民智難以開啟，而使中國成為世界強國極度鄙視的東亞病夫、奴隸之邦、沉淪之國。

民智對於政治制度的性質，起決定作用。因而當世界民主自由已成潮流的今天，中國仍由極度獨裁的暴力社會主義所統制，與民智的奴性、怯懦、畏上是分不開的。今天，連一些積極主張在中國實施多黨制的教授、學者，在向中共提出開放黨禁的同時，還竭誠推崇孔子是「偉人」，儒學是國學。一位向胡錦濤上書，提倡多黨制又竭誠推崇孔子「仁」、「德」、「善」、「仁政」的副教授，竟被大力弘揚儒學、宣導「和諧」、「以人為本」與「執政為民」的胡錦濤投入監獄，遭受非刑懲治。這不是對儒學的極大諷刺嗎？至此，這位副教授仍衷心讚美孔子，癡迷於儒學，不能蘇醒，他哪裡知道，正是儒學煅造了暴政，害了他這個信奉儒學欲改變暴政使天下都得善政的好人。由此可知中國民眾的儒學因緣與奴隸基因之深，及專制暴政對儒學的喜好，獨裁與儒學須臾不能分離。

一個民主的好政權，不需要喋喋不休地向社會宣揚仁、德、善、仁政，因為它通過分權、制衡，以充分體現民意的政治運作使全社會實現了自由、平等、博愛與人權，已從事實上給予了全社會的人以實實在在的仁、德、善。相反，它要求的是民眾對它的挑剔、苛待與抨擊，不需要任何人懷有無原則的「仁」、「德」、「善」。

以全副精力專門宣揚自己是仁、德、善、仁政的實施者，這樣的政權絕不是好政權，只能是專制獨裁的壞政權。它只有借著暴力的威懾喋喋不休地作自我吹捧以愚弄民眾，才能穩住自己不得民心的暴政。而整天以仁義道德作空談的民眾，一定是奴隸群體，這樣的國家必定是奴隸之邦、沉淪之國。

事實常常出現相反的兩極：民主國家的民眾們以苛刻的姿態嚴厲地監督著政權，國家官員在民眾監督下忙於國家事務，全社會的人因為都享受著仁、德、善和仁政的待遇，他們不需要把仁、德、善和仁政掛在嘴上；實施暴政的獨裁者因為在對民眾施暴，他們需要用道德和仁政的欺騙為自己作辯護和粉飾，暴政下的民眾因為遭受虐待和欺辱，他們希望有一個好政權，二者合力，仁、德、善、仁政和「和諧」等等謊言便在這個惡社會甚囂塵上。被喋喋不休空談仁義道德的儒學統治的國家，必定具有世界上最壞的社會制度。

中國什麼時候剔除了儒學基因，中國民智也就徹底得到了開啟；中國只要儒學基因存在，中國民智就仍處蒙昧狀態。儒學因緣的深淺，與中國民智開啟程度的深淺，呈反比例。

二、中國民智現狀

與上世紀中葉相比較，中國的民智已有了質的進步。

毛澤東的文革，使中國民眾的拜皇演練達到了巔峰。盛極而衰，中國民眾通過遭受毛澤東強權霸道殘虐的切骨之痛中已厭惡了專制王權，擺脫蒙昧狀態，走向覺醒。之後。鄧小平被迫搞改革開放，國門打開，中國民眾通過國與國比較，知道共產黨是最專制的黑黨惡黨，共產黨政權是最沒落的惡權暴政，在民主潮流洶湧世界的今天，中國已不能再由這個邪黨統治，於是便爆發了「六四」學潮，北京民眾已全部奮起，砸毀中共，在中國產生民選的民主政權。

學潮已漫及其他許多省城。若不是鄧小平勉強調來軍隊實施屠城，必將引發全國各大城市推翻中共、獲取自由民主政治的大革命。

不久又發生蘇東解體。中共更具警惕，為維持獨裁暴政，中共用擴充的軍隊、員警、情特、法庭、監獄和增強的毒刑嚴密監押民眾，用小恩小惠、修修補補及不斷更新的欺騙宣傳來緩衝矛盾，一發現民眾中有異動，就立即予以殘酷鎮壓。自由民主大潮在暗流下湧動。

「六四」學潮說明了，蒙昧的中國已開啟了民智，民眾對自由民主已有了強烈的欲望，並決心用生命為獲取自身的自由和人權而拼爭。

「六四」學潮說明了，當今中國，已有許許多多願為民眾獲取自由而捨生拼殺的鬥士，中國已閃耀自由解放的曙光。但非常遺憾，當「六四」鬥士為中國的自由而激戰正酣時，中國廣大的城鎮、農村，卻視「六四」為如異國發生的一場遊戲，置若罔聞，民眾依舊日出而作，日入而息，「不識不知，順帝之則」。

其實，今日中國軍隊士官，亦早已開啟民智，具有文明、民主、人權意識，有多少士官願為中共獨裁效力，而屠殺無辜民眾？鄧小平就已調動不了軍隊，屠殺民眾，最後以欺騙的手法勉強調來了一支楊家軍，實施了屠城，如當時全國各大城市包括許多縣城的民眾都奮起回應學潮，鄧小平根本無法撲滅學潮，中國民眾的自由解放在那時雖尚有變數，但勝勢已定。由此可見，就地域而言，中國大城市由於知識精英和工人群眾集中，民智程度就高，小城鎮尤其是廣大農村，則民智程度較淺。

民智非但包括對民主自由的認識度，還包括為獲取民主自由而勇於獻身的勇氣和精神，有前者而無後者，人人都等著要別人出頭幫著解放他，這樣的民智還是不完全的。中國目前就處於這種民智狀態。

從階層看，就民智的覺悟程度而言，中國的高等知識界包括大學生為最高。早在一九五七年，在毛澤東暴政高壓下，中國高等知識界就有人向毛澤東提出多黨輪流執政的要求，其目的就是要共產黨下臺，他們遭到了毛澤東的殘酷鎮壓。

上世紀中葉就已如此，更何況今日？中國的大學生是自由民主的潮頭，二十年前的「六四」學潮已作了驗證。大學生年輕，沒有歷史包袱，絕少攜有皇奴基因，且知識富足，他們是自由女神的堅決捍衛者，僅僅是在中共槍口、炮口、坦克、監獄的嚴密管制下，自由民主的驚濤駭浪暫未湧動而已。

城市的工人居民每天都在議論中共暴政，痛罵中共大盜的貪腐，只要自由之火在中國燃起，他們就會像乾柴投進烈火，在中國燃起自由民主的燎原大火，燒塌中共暴政。已步入農業機械化的中國東部農民也都開啟了民智，共產黨即將垮臺，國民黨將重掌大陸，早已成為他們日常談論的話題。

守舊者中老年人居多。他們含有太多的皇奴血統、專制因緣和權威情結，沒有一個王權統治他們，他們覺得空虛，只要生活比中共建國前好些，他們就心存感激，甚至有些耄耋老者還在懷念毛澤東，他們是思想徹底僵枯了的行將就木者，即使紅色暴政滅亡，民主政權建立，他們仍會支持久加諾夫式的共產黨。當然，老年人中智者也不少，不可一概而論。這種現象的存在，是正常的。人逢百，形形色色。在各種社會形勢下，都有思想紛爭。在當今各民主國家，也有渴求集權的共產黨組織，更何況是中國？

中年人襲有先輩遺留給他們的歷史包袱，明哲保身。他們完全清楚，中共暴政即將滅亡，民主政治就要降臨，但他們等待著別人來解放他們，卻不敢捨出性命去解放別人。但只要反共氣候形成，他們就會加入民主大陣，親手覆滅中共。

青少年最少傳統基因束縛，他們是中國新生代——「小皇帝」一族，獨裁中共難以從心理上管制他們。他們任心任意、特立、獨行、我行我素、無拘無束，這是人格獨立、人權動能增強的表徵。中共向他們灌輸這個主義，那個思想，無異於對牛彈琴。他們自覺自願地嚮往自由與民主，他們無懼高壓與危險，已在行動上實實在在地做了一個自由人。沒有任何精神枷鎖和思想束縛的人，才是真正的自由人。當代中國大學生是他們的代表。正是這一代人，將澎湃起中華民主革命的前潮，他們將聯合中國民眾，捲起覆滅中共的強大海嘯，為建立完全屬於人民三權分立的大陸民主共和國鼓與呼。

其實，混進官場的正在大肆貪腐瘋狂掠奪、並且正被「高薪養廉」著的各級中共官員，其中大多數，都懂得共產黨的獨裁與西方的民主，並且知道，共產黨遲早會在地球上消亡，代之以徹底民主的政治制度。鄧小平「六四」屠城後，給了他們一副安慰劑，認為中共的軍隊、槍桿、監獄非常強大，老百姓想反也反不了，他們這輩子或許能在滿嘴謊言和花天酒地中安度餘生。暗中，他們中的幾乎所有高幹們都辦了幾張甚至幾十張護照，早已將子女遷居國外，將大筆貪賄資金存放外國，一遇大的民變，他們立即就乘飛機逃赴國外。他們嘴上整天背誦著中共那一套騙人的胡說八道，內心，他們也是有「智」的。

中國，民智已開。

三、構建中華民族新精神

中國民智已開，但為什麼中國至今未建立民主政治，仍由暴力社會主義所統制？歸根結柢，主要的仍是民智問題。固然，中國頑固的帝制根基，致使中共不可能像蘇聯一樣，從內部發生和平變革，必得引發民眾大起義，將它覆滅。中國只有依靠民眾自身的力量，才能砸毀暴力中共，實現自身的自由解放。而要引動中國民眾用合力摧毀暴政，獲得自由，須保證最廣泛的民眾具有深刻的民智。

智民生善政、仁政，愚民出暴政、惡政。儒學所說的「仁政」，完全是愚民的「仁政」，是封建帝王殘虐愚民時揮舞的一根橄欖枝。專制獨裁絕不可能出仁政，只有真正由民選的、在民眾完全監督下的分權政治才能徹底杜絕獨裁，生發仁政，將「德」、「善」、「仁」灌輸到社會方方面面。

而要實現三權分立的民主政治，非由民眾的覺醒——即民智，達到非常深刻的程度不可。對自身人權的認識，與為獲取自身人權的勇氣和獻身精神的結合，才成為真正的深刻的民智。中國的民性在於明哲保身，「各人自掃門前雪，豈管他人瓦上霜」，而致惡政更惡，霸道更霸，強權日強，「好人任人欺，善馬任人騎」。沒有城鎮廣大民眾的合力參與而致「六四」學潮被屠，已是顯證。

中國一百年前的維新派領袖人物就早已指出，中國人缺少無畏精神。中國人應該「無不活畏，無惡名畏，無地獄惡道畏，乃至無大眾畏德畏。」（《譚嗣同全集》（下），四六九頁）無畏，才敢於合力與獨裁強權拼殺。否則，獲取自由解放，只能是空談。無畏，才能合群，全中國十億民眾都奮起搏殺了，憑中共調動僅有的幾百萬軍隊、員警，直如杯水車薪，無論如何都無法抵禦如海嘯狂濤般的民眾，更何況中國軍隊已非昔日，被中共脅迫著參與入伍的士官都是明察中外極具自由民主意識的中國新生代，如果中國自由風潮遍湧，他們必會向中共倒戈，「六四」學潮鄧小平就已不能調動軍隊了，更何況今日？關鍵在今日中國民眾要有為自由而捨身拼搏的勇敢無畏精神，大家都勇敢無畏了，就會集群，合流，匯合成浩浩蕩蕩的民主潮流，沖毀中共暴政。

「道莫善於群，莫不善於獨。」「獨故塞，塞故愚，愚故弱。」「群故通，通故智，智故強。」（梁啟超：《說群》）只有合群的力量才能真正達到智和強。儒學和中共都提倡「獨」——「慎獨」，要子民都像伯夷、叔齊、愚公、雷鋒一樣，離群索居，做憨實的愚民，這樣才能有效實施獨裁，因而中國的民眾愈益衰弱、怯懦，帝制日益強盛、隆偉，劣等民族就此形成。

我們這裡指的合群，絕非指拜神的合群，文革紅色風暴的合群，相反，我們指的是要求民主、自由、人權的獲得並不斷達到更高目標的合群。在民主國家，無論是城鎮，還是農村的民眾，一發現當權者犯錯越軌，立即會集群上街遊行示威，在民眾如此嚴密的監督下，當權者為民主和人權立功都來不及，獨裁如何立足？因此，中國目前最需要的是去民畏，強民智。而要實現這一目標，根本的還在於剔除國民的儒學基因和孔孟因緣，在思想上確立自主、自立、自強的三自精神，敢想、敢說、敢為的三敢氣概，正義、正氣、正理、正派、正直的五正品質，在為人處世上做到光明、勇敢、無畏、爭理，在言行上要做到不平則鳴、有理必爭、為民請命、不做懦夫，在學識上，要做到博學、多思、開闊、勇爭、直言、敢諫、善辯、從流。

自主、自立、自強

儒學基因使中國人認為自己是世襲的奴隸，自己生來就是替官吏當差，給皇帝抬轎子的，沒有強權統治他們，讓他們跟著權威步伐一致地奔跑，他們會覺得空虛、失落。天賦人權，人生而平等。人壓迫人，人酷虐人的現象本來就不該存在。今日世界，對動物尚且愛憐，更何況人？以暴政酷虐百姓，令人髮指！人權潮流已浩蕩於世界，我們為什麼鄙視自己，把自己當作權威的附庸？

「生民之初，本無所謂君臣」，後來因為需要有人辦事，於是「共舉一民為君。」（譚嗣同：

《仁學》）「君」亦「民」，兩者所幹事情不同，憑什麼「君」可以胡作非為，恣意橫行暴虐百姓，而與「君」同是人的民眾要讓「一民」——「君」任意凌辱、迫害、掠奪、毒打？

中國人首先要從心理上使自己強大起來，視一切人與自己平等，人人都具有了自主、自立、自強精神，中國人方能合群，推翻暴政，建立永久保護人權的、人人平等的民主政權。

敢想、敢說、敢為

人是有個性的。人的個性七分天造，三分人為。只有個性化了的世界才是豐富多采的智慧進化世界。中共希望人人都成為愚公、張思德、雷鋒、王進喜，天下人世世都是愚民、弱民，中共才可以謊語連篇，胡作非為，長期惡霸中國。

中國人就是要擺脫中共的愚民弱民政治，爭當強者，張揚個性，敢想、敢說、敢為：盡心的設計自己的思想，把自己的思想大膽地與別人交流，敢於用行動表達自己的思想。人人都發揮了自己的長處，向社會迸發出自己的光、熱和力，科學和技術才會不斷創新發展，民主政治才會實現並永存，經濟才會實現騰飛。

人人都具有了三敢氣概，中華民族就不再是東亞病夫、奴隸之邦，才會砸毀獨裁桎梏，像日本一樣，展露世界智慧民族的才華，迅速趕超世界強國，最終使自己成為強國中的強國。

正義、正氣、正理、正派、正直

共產黨要實現一人一黨的專制、獨裁、縱欲、妄為，必須要實施暴政，藉著槍桿子、刀把子、監獄、毒刑殘酷鎮壓民眾，使人人都「獨而不群」，不敢吐正義之氣，言正理之聲，揚正義之光，而它卻可以隨心所欲地用謊言惑眾，並且它明知老百姓已識破了它的謊言，它也照樣厚顏無恥地自吹自擂，明目張膽地壓迫、盜掠、酷虐民眾，姦淫婦女，因為它完全掌握中國民眾的劣性：趨炎附勢，畏強凌弱，奴顏婢膝，委曲求全，為順從帝王而指鹿為馬、誣良為盜、認是而非，不惜豆萁相煎，同室操戈，以保自己「全身而出」獲得「善終」，他人死活，全不去管，甚至見同胞被害，而幸災樂禍。

人人都不敢張揚正義、正氣、正理，人人都甘願當牛做馬，形同枯骸的共產黨便成了虎、豹、豺、狼，兇焰萬丈，把自己的歪道奉為正道，高揚暴力社會主義黑旗，將民眾任意掠伐，結果使每一個民眾都不能「全身而出」，獲得「善終」。

因此，每一個中國人都要一改祖宗畏強凌弱、委曲求全的舊習，做正派、正直人，敢於吐正氣，揚正義，抒正理，一個具有五正品質的中華民族，必然不會是為世界鄙視的劣等民族，而成為民主力量日益強盛的世界先進民族。

光明、勇敢、無畏、爭理

為人處世，不做躲在陰暗角落裡求私利而為惡霸強權出謀劃策竊竊私語的奸險小人，做一個敢為人民大眾鼓與呼的光明磊落之人；不做奴顏婢膝委曲求全蠅蠅苟苟的奴隸人，做一個敢為自己和大眾張揚正義的勇猛者；不做畏強崇暴受人欺辱任人宰割的牛馬人，敢做一個特立獨行生死無畏勇於為自由獻身的「大寫」[3]人；不做慎言慎行明哲保身與世無爭的怯儒人，要做一個敢到大庭廣眾之上明辨是非的爭理人。人人都做到了這處世八字，凝滯的、僵枯的中國也就變成了活性的、充滿生氣的中國，獨裁和強權自然消退，自由、民主與人權也就操於中國人的手中。

不平則鳴，有理必爭，為民請命，不做儒夫

自己遭了欺騙，受了折磨，就要渲洩，就要呼喊，讓眾人評理。自己有理，別人無理，甚至官員或官府無理，就要爭個水落石出，向「理」看齊。發現社會不平，立即傳告四方，號令民眾，該爭訟的爭訟，該示威的示威，該遊行的遊行，大家認為是對的，就照對的去做，大家認為是錯的，就把錯的改正。

為民請命，不做儒夫，大家都這樣做了，就等於為自己和中國每一個人謀取了真正的自由和人權，專制獨裁非但銷聲匿跡，並且將永不復生。正是因為群眾習慣了如此，民主國家才永享民主。

③ 典出俄國文豪高爾基的散文詩，其中俄文的「人」，都像專有名詞一樣字母首字大寫，表示一種理想的人格，五〇年代隨著蘇聯文學的流行和政治宣傳，「大寫的人」風靡中國一時，迄今仍在使用。

博學、多思、開闊、勇爭、直言、敢諫、善辯、從流

中國古人的「博學」，是要人博讀孔孟之學，克己復禮，做帝王麾下的奴隸人。我們的博學，是博讀古今中外一切有益人類的書。

博學、多思與開闊是相連的。任何人的認識終究有限，書籍也只是洞開了世界的某一方面、某一角度、某一高度，甚至洞開了錯誤的方向與角度；我們要超越書籍，就必須多思，用批判的態度去讀書，從而超越書籍，成為「悟」者；文革歲月，我們讀了馬、恩、列、斯、毛的邪書而不思不悟，不都成了紅色奴隸，任毛澤東欺辱殘虐！

博學並非單指讀書，從思想上學習外國先進的政治、科技、文化，也屬博學範疇。如此博學了，我們的視野自然就開闊了，懂得怎樣選擇自己的行為，選擇自己國家的政治，為科學發達和經濟騰飛而拼搏。

博學、多思、開闊了，就使自己有了深刻的思想、富足的智慧、遼闊的視野，就要勇爭；勇爭四個第一：為民請命第一、爭獲人權第一、傳播思想第一、科學創新第一。深刻了思想、富足了智慧、開闊了視野，大家就能高屋建瓴地直言、敢諫、善辯，辯出個主流民意來，讓政府在全民監督下遵從這個不斷變化著的主流民意，並把這個主流民意付於施政實踐，社會就能擺脫一潭死水的凝滯狀態，像大江大河一樣生機勃勃不息地向著大海奔騰。

從流，不是儒學的「和」、「合」、「同」，而是看清並服從世界自由、民主與人權的潮流，

這是人類社會發展到終極必經的潮流，順其者昌，逆其者亡，誰都無法阻擋。我們富足了知識和開闊了視野，就是要合力攜手，合成這股潮流，融入世界，並把這股潮流不斷推向前進。

中國民眾人人都具有了三自精神、三敢氣概、五正品質、處世八字，成為了不平則鳴、有理必爭、為民請命、不做懦夫的勇者，和做成了博學、多思、開闊、勇爭、直言、敢諫、善辯、從流之人，則自然而然地就使自己擺脫了皇奴基因和儒學因緣，中華民族將重建民族精神，重創民族特質，重塑民族魂魄，帝制和強權將永不復回，自由、民主與人權將永沐中華！

第八章

中國的未來

第八章　中國的未來

第一節　中國的現狀

一、中國的經濟現狀

搞公有制，是共產黨煽動農民造反、奪取政權和自己奪取政權後奴役民眾的一種藉口和騙局。對所謂的公有制，一個多世紀前的中國維新派先賢就大聲疾呼過：私有制是天經地義的，鼓吹公有制，不過是「煽動賭徒、大盜、小偷、乞丐、流氓之具」，進行暴亂，「荼毒一方」。公有制要「以野蠻之力，殺四萬萬人之半，奪其田而有之」，這樣，「雖以匕首揕吾胸，吾猶必大聲疾呼曰：敢有言之社會革命（即土地國有制）與他種革命同時並行者，其之即黃帝之逆子，中國之罪人也，雖與四萬萬人共誅之可也。」（梁啟超：《開明專制論》）

後來的事實被先哲的預言徹徹底底地驗證了：公有制的社會主義，造就了荼毒一方的紅色暴政，造就了假借公有制為名的強霸中國的偷竊、搶劫、掠奪、鎮壓百姓的共產黨貪腐集團。公有制是對人民的殘虐和對經濟和生產力發展的反規律阻逆，毛澤東的一人獨裁——無限獨裁——大搞運動，胡搞經濟，在無窮盡地虐殺民眾的同時，徹底砸毀了中國經濟。對於公有制，「公等若生於烏托邦，請實行之；若猶未能脫離現今地球上各國土，則請言之以自娛也。」（梁啟超：《申論種族革命與政治革命之得失》）

社會主義公有制毀了中國，害了百姓。鄧小平完全清楚，公有制是行不通的，完全是共產黨篡權的騙術，為了維繫他的獨裁強權，他不得不以「多種所有制並存」的口號，變公有制為私有制，掛社會主義羊頭，賣資本主義狗肉。

共產黨統治集團從低零價出售國企鄉企中猛提回扣狠狠地發了橫財，從前的國企鄉企以發展經濟為由向銀行大筆貸款淪為壞帳，後由國家印發紙幣注入銀行填補壞帳，引發通貨膨脹，壞帳造成的損失仍由民眾承擔。如今騙貸仍在猖獗進行，為填補壞帳各家銀行向股市大幅「融資」，把壞帳包袱撩給股市，股市被撩進谷底，等於騙貸者和政府官員合夥向民眾搶劫。

中共高幹及其子女完全把持了國家命脈產業的壟斷經營權。中共權力經濟滲入進每一家私企。為狠提回扣上下勾結多方串通濫報濫造各項豆腐渣工程，嚴重損毀國力。

各項政府採購都是在先交足了回扣的前提下進行的。國庫裝在各級官員口袋裡，任由各級官員提取私占。「高薪養廉」致使數千萬公務員成了嗜貪如命遊手好閒的巨富。各級政府高價出賣土地將「利潤」上下分成，致使房價虛高，居民買不起房，等於中共利用土地向民眾大肆掠奪。

為「圈地」，中共竟驅使黑道強拆民宅，大批農民被遷入城，淪為毫無收入來源的無業居民。中共用民眾膏血巨薪養蓄著為數日益眾多的大批貪官，GDP的一半成為灰色收入流進了各級官員的金庫。

社保基金早已全部流失——如今的「社保基金」由中共印發紙幣「填充」。股市成了中共的提款機，任何「企業」只要向中共相關高層塞給巨額賄賂，就能獲批上市，無須回報就可向股民大筆圈錢，股市成套成批天天猛發新股，股指迭創新低，中小股民遭殃；全國所有的股評師在中共槍桿的威迫下還齊聲誇讚中共管理層「英明」，在「擠壓股市泡沫」，濫發新股，「合情合理」。

中國特色的社會主義，其實就是中國特色的權貴資本主義、裙帶資本主義、竊賊資本主義、強盜資本主義、惡霸資本主義、槍桿資本主義、騙子資本主義。

中國除了極少數權貴跨入了千萬、億萬、幾十億、幾百億的行列，和大批公務員先富了起來，中國最發達的長三角和珠三角兩地，工人月工資還不足二百美元，這兩地的農民幾無餘資，而極廣大的中西部地區，工業根本就未發展，那裡的農民在各級官吏的壓榨下，仍在饑餓線上掙扎。

戰後，日本僅用了短短二十年，就在一片廢墟上建成了世界第二大經濟強國。中國和平建設了六十年，僅僅在中國東部實現了初步的工業化，廣大的中西部仍是一片荒原。中共為維護暴政，還在給數千萬教師（包括退休教師）和幾千萬事業單位人員大幅加薪，中國三分之一的高薪階層與三分之二的工農階層的收入差距是十比一、十五比一、甚至二百比一。大幅加薪的結果是濫發紙幣，物價飛漲，造成惡性通膨，加速經濟滑坡，社會矛盾激化，推動經濟基礎以暴力推翻上層建築，社會處在大動亂前夜。這就是中共一人一黨獨裁統治結出的惡果，也是中國經濟的現狀。

二、中國的政治現狀

獨裁造成腐敗。絕對的獨裁造成獨對的腐敗。中共統治集團正在加速貪腐。貪官們的貪賄數額逐年大幅攀升。下層貪官把貪賄所得的大半向上層主管貪官貢奉。中共組成了一張巨大的緊絲密織遮天蓋地的貪賄網路，「貪網恢恢，密而不漏」，誰都無法打破這張貪賄網。幾千萬巨貪大盜齊心協力揮舞巨斧瘋狂砍劈著中國經濟，經濟基礎已經垮塌。藉著「六四」屠城的兇焰，狂妄不可一世的中共高層還在用毛澤東式的意識形態奴化著朝它怒目噴火的民眾，並在思想和文化領域強行灌輸著早該絕跡的紅色思維。民族矛盾在加劇。貧富矛盾在加劇。統治層與被統治層的矛盾在加劇。中共與民眾的矛盾在加劇。最主要的，是生產力和生產關係、經濟基礎和上層建築的矛盾在加劇。

各種矛盾在匯聚，在集中，在激化，集結成一座即將噴發的強大火山。自以為還能統治中國幾十年的中共高層，正自鳴得意地坐在這座頃刻就將噴發的巨大火山頂上。

三、中國的軍隊現狀

軍隊是國家或政治集團為準備和實施戰爭而建立的正規武裝組織，是執行政治任務的武裝集團，是國家政權的主要成分，是奪取和鞏固政權，對外實施或抵禦侵略的主要暴力工具，也是政治集團為實現政治目的使用的暴力工具。

國家或政治集團的性質，很大程度地決定其軍隊的屬性和使命。但軍隊終究屬於社會的組成部分，具有社會性。社會潮流決定著軍隊的性質及其性質的轉移。軍隊的士官由民眾組成，代表著民心、民意。當國家處於進步和上升時期，它會成為國家和統治層保衛或實現政治目的的武力工具，但當國家處於沒落和反動時期，它又常常會成為進步力量埋葬國家反動統治集團的暴力工具；蘇東解體時，當地各國軍隊就起到了這樣的作用，羅馬尼亞共產黨領袖齊奧賽斯庫就是被其士兵槍殺，從而使羅馬尼亞徹底擺脫暴力社會主義制度，順利實現民主制度的。

軍隊絕不僅僅是單純的國家統治集團或政治集團的無智工具，它仍有獨立性與智覺性，它的性質和功能常常會隨著社會、國家、統治集團、政治集團性質的改變而改變，有時甚至會對改變社會、國家、統治集團、政治集團的性質起決定性的暴力作用。

軍隊的軍心決定軍隊的性質。當軍心與統治集團的性質一致，軍隊就會為這個統治集團所支配；當軍心與統治集團性質不一致，軍隊遲早會成為這個統治集團的對抗力量，甚至會埋葬這個統治集團。

目前中國軍隊的士兵，都是中國的新生代，他們絕少儒學思維和皇奴基因，具有更多的民主意識和自主精神。他們明察時代潮流，洞察社會走向。自由、民主與人權，已是他們真誠的嚮往與追求。明確地說，他們就代表了中國的青少年。他們都受過良好教育，他們對自由的渴求甚於二十年前「六四」學潮中獻身的志士仁人。你能想像，他們會服從中共暴令，開槍殺死無辜民眾，成就中共暴行嗎？可以相信，連上了年紀的中共軍隊高幹，都不會昧著良心下令士兵槍殺無辜。目前他們在中共軍隊服役，只是被暫時的脅迫，一旦發生大的民變，他們就會向中共倒戈，埋葬中共。

中共封了許多上將，用掠奪所得高薪供養軍官，但民心不可易，軍心不可易，社會潮流不可阻擋，軍隊必將緊隨甚至率領民眾，成為覆滅中共的強大的武裝力量。

第二節　中國的未來

一個國家，不管其上層建築處於何種性質，只要經濟基礎發生了質的變化，成了資本主義的經濟基礎，其上層建築的政治制度一定必須改變成資本主義的民主制度，才能順應並引領資本主義經濟的發展，如果上層建築不作改變，經濟基礎將會用暴力砸毀這個舊的上層建築，建立新的上層建築來適應並引領經濟基礎向前發展。這是歷史、時代、社會的發展規律，也是宇宙為人類發展制定的鐵律。

上層建築常常比經濟基礎更重要。在國性開放、民智開啟較早的國家，在農耕時期它們就率先建立了民主政治，引領經濟快速騰飛，像英國、美國、法國、荷蘭、日本等。即如經濟落後的家業國印度、孟加拉、泰國、斯里蘭卡等世界上大多數窮國，也都早已建立了民主政治。但即使是國性封閉、民智難開的國家，只要實現了工業化，社會化大生產、城市化的形成，與外國的密切聯繫，必然促使其國性開放，民智開啟，代之以建立民主政治以順應資本主義經濟的發展，蘇東政變已證實了這個規律。

目前的中國正處於蘇東解體前夕。

在中共暴政下，中國的中東部用幾十年的時間極其緩慢地實現了工業化。工業化的中國中東部急切地呼喚民主政治的誕生。在中共殘酷壓榨下，中國的西部幾十年未有發展，至今仍處農耕狀態。儘管隨國門打開，西部民眾已懂得了民主政治與獨裁政治的差異，但貧困迫使他們主要關心的是自己的溫飽，而還沒有把追求自由解放做為自己的首選。

基於以上特殊國情，決定了中國與蘇東又有不同：蘇東幾乎是同時全部解體的，中國則會分裂：實現了工業化的中東部將率先建立民主政治，中西部暫時依舊會處在暴力社會主義統治下。中國的專制向來十分頑固，決定了中共高層不可能出現葉爾欽式的偉人引領和平變革，必將由民眾奮起，用暴力砸毀專制中共，率先在中國中東部建立民主政治。不管中共以何種方式試圖扭轉社會走向，以補救自己即將崩潰的專制暴政，都不能達到目的。世界上任何國家，最終都會實現民主政治。中國絕不例外。中共試圖把潮流拉向倒退，只能加速自取滅亡。

隨著中國東西部分裂，中國中東部建立民主政治，西藏和新疆也將從中國分裂出去，各自獨立。各民族除非自願，才能建立聯合體。用殘酷鎮壓、血腥屠殺的手段，強迫異族服從反人類的暴力社會主義統治，絕對不能持久。

隨著中國的分裂，朝鮮和越南暴力社會主義亦將滅亡。在四面民主力量的包圍和進逼下，盤踞中國西部四面楚歌的中共將很快在苟延殘喘中走向死滅，中國最後會成為大一統的完全實現了民主與自由的大中華民主共和國。

進行中國的自由民主革命，絕不能割斷歷史。孫中山是中國的自由民主之父，是他發動的辛亥革命，結束了中國長達兩千年的封建專制，為中國閃耀起自由民主的新曙光。他締造了中國第一個資產階級民主政黨——中國國民黨，創建了中國第一個民主政治國家——中華民國，雖然因中國的帝制根基太深，中國被共產黨禍亂了近一個世紀，而使孫中山的自由民主事業遭受阻斷，但今日之世界與中國，任何專制獨裁釀成的禍亂，都只能是暫時的，終會被自由民主大潮所淹沒，孫中山的自由民主思想與「六四」學潮燃亮的自由之光將永照中華，輝耀前途。

今日，我們仍要高舉孫中山的自由民主旗幟，用發展了的孫中山的自由民主思想，去開創自由民主新中華。我們要把「三人主義」和「新三民民準則」寫在自由民主的大旗上。

三人主義，就是：人民，人本，人權。

人民，即國家是人民的，而非一人一黨的；是民主的，而非獨裁的，國家政權由民選，被民眾監督。

人民是國家一切主權之源，三權分立是最好的政體。

人本，即國家的治理，以每一個個人為重點和根本，集合每一個人的意願，集中大多數人的意願，做為治國之本，國家政治受主流民意支配。

人權，即人生而平等，享有自由、財產、生存與正當反抗的權利，私有財產神聖不可侵犯，法律面前人人平等。

三人主義中，人權至上。

新三民準則，即民有、民治、民享。

民有，即國家的一切，無論政治、經濟，都歸人民所有，而非一人的家天下和一黨的黨天下，國家主權在民。

民治，即國家真正由民眾共同治理，由民眾選舉國會，用以監督行政和執法，制訂法律，規範社會秩序，使多黨競爭成為民眾共識並不斷促使其發展。

民享，三權分立的政治，從根本上剷除了專制，從源頭上根治了腐敗，國家由民眾共治，保障了國家的一切政治經濟成果，不再為一人一黨私占，而為民眾共用，成為人民日益富裕和幸福的源泉。

三人主義與新三民準則是實施分權與制衡的政治綱領與理論基礎。分權與制衡又是保證三人主義和新三民準則獲得完全實施的政治基礎。三人主義與新三民準則，是孫中山自由民主思想的發展，為今日中國之必需。我們要把三人主義和新三民準則，寫在孫中山自由民主的旗幟上，高舉這面旗幟，發揚「六四」鬥士英勇無畏的氣概，和勇於獻身的精神，攜手砸毀暴力中共，開創自由民主新中華！

就像流瀉千里九曲迴腸的長江黃河，經歷漫長的苦旅，終要流進大海。中國，這個被歷史遺棄了的奴隸之邦、沉淪之國，即將擺脫專制、王權盤根錯節的羈絆，走向大自由的解放。

當世世代代曾被淪為奴隸其實充滿智慧的中國民眾一旦獲得了自由、民主與人權，就會充分施展自己的聰明才智，發揮自己的創造力，將用很快的速度超越潮頭，成為領先世界的強國。

中國砸毀專制，其將自由騰飛！

自由中華永恆！

二〇一〇年一月二十二日

二〇一七年修訂

後記

在自由民主潮流澎湃全球的今日，已如過街老鼠人人喊打的暴力社會主義制度的偽善、欺蒙、強暴、貪婪、殘虐的邪惡本質，其實早已為民眾所看透。因此，我的這本拙書陳述的觀點也就不再是新鮮的了。願本書能為砸毀專制中共作一聲吶喊，與獲取中華自由的民眾鬥爭一起，為專制制度在中國和世界的死滅，畫上一個徹底的句號。

本人學識淺陋，拙書的許多觀點必定存在許多的偏頗與錯謬，敬望讀者予以嚴厲批評指正。

一言

檄

當人類走到終極，回望歷史，會看到：從前一些被人們奉為神聖的「真理」，如今顯露出赤裸裸的謬論；而一些曾被唾棄為罪惡的謬誤，如今成為鮮明的真理，巍然聳立，指示前途。人類披著大霧前進，歷史就是這樣。

當年曾被東方暴力社會主義奉為聖典的「國家是階級壓迫的機關」論，如今已被全人類看出，它是馬恩列斯毛一夥用以奪取政權和奪權後奴役、迫害、鎮壓、屠殺民眾的藉口。它為東方暴力社會主義陣營導演了一齣震懾人寰的血腥慘劇。

國家非但不是馬、恩、列、斯、毛說的是大搞階級壓迫的機關，相反是社會的穩定器。於是順應人類不同的經濟時期，而循序產生出奴隸制、封建制、民主制的政治制度。宇宙用國家和政治制度穩定和驅動人類用前仆後繼的努力，最終創造出人間天堂，極樂世界，邁向終極。

地球歷史的兩端都是茫茫海水，僅有中間極短一截才是人類歷史。宇宙將這一個地球的人類超渡完畢，這一個地球消失，於是又在再一個新生成的更高一級的宇宙中和地球上造作新一款的人類……如此永無休止，不斷推升向上。

人類從野蠻走向文明與極樂，發展是呈幾何式加速的。

如果說，奴隸制與封建政治制度的建立，必須是在奴隸制經濟與封建制經濟形成之時與之後，則民主制政治制度，在許多國家完全是農業國，就早已產生了，如印度、馬來西亞、泰國、柬埔寨、土耳其、孟加拉，等等。

共產主義是經濟不發達與民眾奴性的產物。它僅僅產生於世界東方的一角，絕不會被全世界接受。馬克思共產黨吹噓自己以實現全人類解放為總目標，共產黨便代表了人民。這個用「人民」外衣包裝的一人一黨的私家政權，便可以比奴隸主封建主更師出有名地、瘋狂地虐民殘民害民屠民，在被他控制的紅色牢籠裡肆無忌憚地作惡行兇。共產黨的暴行罄竹難書。

暴力社會主義在人類歷史上稍縱即逝，當這些國家實現了工業化，就會迅速突變為三權分立的民主政治。蘇東劇變，十多個暴力社會主義政權立即自動分崩，實現了民主。

獨有中國，在五權分立的中華民國建立了一百年之後，在「六四」民主運動爆發了二十多年之後，在它已完全是一個大工業國的今天，依舊被超奴隸制式的暴力社會主義政權所控制，這怎能不令天怒、神怒、人怒？全世界亟欲合力將這個暴政擊滅之。

自由民主潮流磅礡於今日世界，順之者昌，逆之者亡！

專制時代已過去，宇宙已不允許獨裁久存！

人類將由民主制度保駕護航，快速走進高科技時代，奔向天堂！

相信，本書會成為一根點燃的引信，引爆早就應該爆發的中共暴力社會主義火山，解放被紅色牢籠鎖錮掙扎於死亡線上的中國民眾，把中國迅速推向大自由大民主。

國家圖書館出版品預行編目資料

共產黨批判與中國之命運(長篇政論) / 一言著. --
臺北市：亞太政治哲學文化, 2017.05
面；　公分. -- (政治；4)
ISBN 978-986-93739-2-0(平裝)

1.共產主義 2.社會主義 3.中國大陸研究

549.3　　　　　　　　106005911

政治004

共產黨批判與中國之命運

作　　者：一言

文字編輯：克萊頓
美術設計：上承文化設計有限公司

出 版 者：亞太政治哲學文化出版有限公司
發 行 人：陶延生
地　　址：105-48 台北市松山區南京東路 5 段 48 號 7 樓
電　　話：（02）2747-0599
傳　　真：（02）2747-0389
E-mail：appp5399@yahoo.com.tw
booksway@gmail.com
Facebook：https://www.facebook.com/apppc.tw/
郵政劃撥：帳號：50265671
戶名：亞太政治哲學文化出版有限公司

發行總代理：紫宸社文化事業有限公司
地　　址：新北市中和區中山路三段 110 號 7 樓之 6
電　　話：（02）8221-5697
傳　　真：（02）8221-5712

出版日期：2017 年　5 月
定　　價：定價／新台幣 380 元

ISBN-13：978-986-93739-2-0